Brigitte Astrid Gärtner-Hüsler

Das Pendel kennt die Antwort

mit umfangreichem Diagramm-Lexikon

VERLAG PETER ERD · MÜNCHEN

Die Deutsche Bibliothek – CIP-Einheitsaufnahme

Gärtner-Hüsler, Brigitte Astrid:
Das Pendel kennt die Antwort : mit umfangreichem Diagramm-Lexikon /
Brigitte Astrid Gärtner-Hüsler. – München : Erd, 1994
ISBN 3-8138-0346-5

Umwelthinweis:
Alle bedruckten Materialien dieses Buches sind chlorfrei und umweltfreundlich.

Umschlaggestaltung: KTG Raimondi, Sellenbüren
Titelfoto: Schudel, Zürich
Reprografie Titelfoto: Repro Werth, Sellenbüren
Fotos Innenteil: Rosmarie Vogt, Zürich
Grafiken und Pendelbilder: HKP, Zürich

Satz: Utesch Satztechnik GmbH, Hamburg
Druck und Verarbeitung: S.GB Schauenburg Graphische Betriebe, Schwanau
Printed in Germany
ISBN 3-8138-0346-5

Inhalt

Vorwort

An die Leser dieses Buches!

Guten Tag, guten Abend,
zuerst freue ich mich, daß Sie sich für das Gebiet des Pendelns interessieren. Es ist ein spannendes, interessantes Stück Welt, das Sie soeben betreten haben. Viele neue Eindrücke und Erfahrungen werden Ihren Weg prägen, und manch ein undefinierbares früheres Erlebnis wird plötzlich absolut logisch und verständlich erscheinen.

Woher Sie auch immer kommen und welche esoterischen Kenntnisse und Erfahrungen Sie auch schon gemacht haben, Sie werden beim Pendeln viele bekannte Größen wieder antreffen. Ob es sich um das Chi (Lebenskraft), um Intuition, meditative Atemtechniken, Orte der Kraft, Heilsteine, Farben oder was auch immer handelt – alles ist nur ein Teil eines Ganzen. Und so werden Sie vermutlich durch das Pendeln wieder in neue Gebiete geführt werden, die Ihren persönlichen Weg spannend mitgestalten. Ihrer Neugier werden Sie es verdanken, daß Sie sich weiterbilden, und seien Sie unbesorgt, pendeln macht neugierig.

Jetzt wünsche ich Ihnen noch viel Spaß, Vergnügen und tolle Erlebnisse mit Ihrem neuen Begleiter, dem Pendel.

TEIL 1:

Pendeln leicht und verständlich gemacht

Wer, wieso, warum, woher?

Ob Sie pendeln können, weiß ich nicht. Aber es ist eigentlich anzunehmen. Beim Pendeln ist es wie beim Singen. Fast alle Menschen können singen, aber nicht alle gleich schön. Nur wenige Menschen, wir nennen sie stumm, haben diese Gabe nicht. Dafür sind bei ihnen meistens andere Sinne um so ausgeprägter.

Menschen mit wirklich schönen Stimmen pflegen normalerweise den Gesang mehr als andere, und die konstante Übung macht im Laufe der Zeit aus einem kleinen Unterschied eine nicht mehr einzuholende Distanz. Das gleiche gilt auch für das Pendeln. Talent, gemischt mit Eifer, Freude und Neugier, lassen den Anfänger im Laufe der Zeit immer besser werden, so daß für ihn das Pendel zu einem guten und verläßlichen Hilfsmittel wird.

Wie funktioniert das Pendeln? Die meisten Menschen, die sich für etwas Neues interessieren, möchten, bevor sie sich in ein neues Gebiet stürzen, etwas über den Hintergrund, die Wirkungsweise und die Zusammenhänge erfahren. Zum einen, um selbst besser zu verstehen, was da genau abläuft und zum anderen, um auf die in der Überschrift gestellten Fragen auch kompetent antworten zu können.

Ich möchte Ihnen daher die Antwort in Form eines Beispiels geben. Vorab noch die zwei gebräuchlichsten Antworten, die zwar völlig korrekt, für viele jedoch etwas dürftig sind.

Die erste Antwort auf das Warum ist, daß alles aus Schwingungen besteht, der Pendler selbst, das Pendel und auch der Gegenstand, der darunter plaziert ist. Wie oben, so unten, wie im großen, so im kleinen, etc.

Die zweite Interpretation ist, daß das Pendel gleich einem

Radiosender die elektromagnetischen Schwingungen aufzeichnet und sie in einer uns verständlichen Sprache wiedergibt.

Die Frage nach dem Woher bleibt offen, und je mehr wir hinterfragen, desto verschwommener werden die Umrisse. Viele gute Pendelbücher sind leider schon älteren Datums. Und wie sich die Zeit geändert hat und eine neue Generation bestimmt, so sind die alten Erklärungen eines Tages überholt und neue werden gefordert, die dann ihrerseits nach einer gewissen Zeitspanne dem Neuen weichen werden. Ich möchte Ihnen daher eine Erklärung in Form eines aktuellen Beispiels geben:

Stellen Sie sich einen eingeschalteten Computer mit Bildschirm und Drucker vor, auf dem ein längeres Textdokument geladen ist.

Wenn Sie nun auf den Bildschirm sehen, können Sie einen Teil der ersten Seite des Dokumentes lesen. Dieser Teil ist direkt greifbar und entspricht unserem täglichen Umfeld. Es ist all das, was wir sehen, fühlen, hören, schmecken, riechen und berühren können. Es ist gleich unserem Bewußtsein. Wenn Sie nun jedoch den Druckbefehl für das ganze Dokument geben, werden vielleicht 50 oder gar 100 Seiten gedruckt. Und genau das, diese Differenz von 49 oder auch 99 Seiten, von deren Existenz wir zwar gewußt haben, die wir jedoch auf dem Bildschirm nicht lesen konnten, wird nun sichtbar gemacht. Unser Unterbewußtsein hat sich eingeschaltet, und es erzählt uns über Schwingung und Strahlung. Mit absoluter Selbstverständlichkeit steuert das Unterbewußte manch einen mystischen und magischen Exkurs in das uns Verständliche und verändert alles als einfach, logisch und realistisch.

Und das ist das Prinzip des Pendelns. Es ist die Sichtbarmachung von Existentem, in einer Ausdrucksweise, die gar nicht so schwer zu erlernen ist.

Die innere Entspannung

Sie sollen entspannt sein, wenn Sie pendeln wollen.

Die körperliche Entspannung ist sicherlich sehr wertvoll, aber wer in unserer heutigen gestreßten Zeit ist das schon? Die meisten von uns haben Nacken- oder Rückenschmerzen, geschwollene Füße vom Stehen oder sonst eine persönliche Zivilisationskrankheit.

Wichtig ist, daß Sie unverkrampft sitzen, beide Füße auf den Boden gestellt und Sie Ihr Pendel locker in der Hand halten. Menschen mit körperlichen Gebrechen, wie zum Beispiel Rollstuhlfahrer, machen es sich so bequem wie möglich. Es kann gut sein, daß das Pendel am Anfang etwas bockt oder langsamer zu schwingen beginnt, aber das bessert sich relativ schnell. Die ersten Voraussetzungen sind nun geschaffen.

Der bedeutend wichtigere Punkt ist jedoch die innere Entspannung. Legen Sie den Streß und den Ärger des Tages beiseite und lassen Sie Ihren Energien freien Lauf. Wir sind hier auf ein zentrales Element beim Pendeln gestoßen, das Loslassen. Mehr dazu später.

Es gibt ein paar einfache Übungen und Tips, wie man den Streß und den Ärger überwinden kann.

1. Stellen Sie sich vor, daß Sie einen imaginären (oder auch bekannten) Raum betreten und den Ärger gleich einem Mantel an die Garderobe hängen. Und dort bleibt er dann auch hängen.

2. Atmen Sie ein paarmal tief durch. Sie können dazu Ihre Augen schließen. Öffnen Sie die Fenster und lassen Sie frischen Wind in Ihre Gedanken kommen.

3. Trinken Sie zuerst etwas, das Ihren Körper aufleben läßt. Im Sommer etwas Kühlendes, im Winter etwas Wärmendes.

Wenn Sie anschließend noch zum stillen Örtchen gehen können, wird die Wirkung verstärkt, da Sie den Streß und den Ärger aus dem Körper schwemmen und der Prozeß der inneren Leere in Gang gebracht wird.

4. Waschen Sie Ihre Hände oder bei großen Problemen gehen Sie gleich unter die Dusche. Wasser hat eine reinigende Wirkung. Lassen Sie den Ärger wegschwemmen, er ist es nicht wert, daß Sie ihn behalten. Beim Duschen wird die Last weggeschwemmt.Beim Baden wird alles konserviert, da Sie sich in ein »stehendes Gewässer« begeben. Das kann auch sehr gut sein, aber für einen anderen Zweck.

5. Wenn Sie vor Ärger oder Streß frieren, was im Winter leicht vorkommen kann, können Sie sich entweder umziehen oder sich mit warmem Wasser aufwärmen. Halten Sie die Handgelenke unter das fließende Wasser, bis Sie sich wohler fühlen. Kalte Hände können die Pendelfähigkeit erheblich reduzieren.

6. Essen Sie etwas Schokolade. Schokolade enthält einen Stoff, der im Volksmund als das besagte »Glückshormon« bezeichnet wird. Es wirkt harmonisierend auf den Körper.

Es gibt noch unzählige weitere Möglichkeiten, beispielsweise mit entspannender Musik, Farbtherapie, Visualisierung, Meditation, frischer Luft (Spaziergängen) eine gute innere Entspannung herbeizuführen.

Die Pendelwahl

Aller Anfang ist schwer, aber man sollte sich den Anfang nicht schwerer machen als nötig.

Daher empfehle ich Ihnen für den Einstieg zum Pendeln die klassischen Anfängermodelle aus Metall mit einem Körper aus Messing. Wenn Sie später etwas Routine haben, können Sie auf das Pendel umsteigen, das Ihnen am besten gefällt.

Die beiden abgebildeten Modelle haben den Körperschwerpunkt in der Mitte und eine runde Form. Männer benützen vorzugsweise ein Pendel in der Größenordnung von 20-30 Gramm, Frauen von 15-20 Gramm. Ob Ihr Messingpendel einen Mantel aus einem zweiten Metall haben sollte, und wenn ja, aus welchem, erfahren Sie im folgenden Kapitel. Für den Einstieg rate ich Ihnen von Mineralien- und Holzpendeln ab. Diese Welt steht Ihnen später selbstverständlich zur Verfügung.

Der Einfluß der Metalle

Pendel gibt es in den unterschiedlichsten Formen und Materialien. Am häufigsten sind Metallpendel aus Messing, Kupfer, Eisen, Stahl, vergoldete, versilberte und verchromte Pendel. Ferner finden sich zahlreiche Mineralien- und Holzpendel. Bei den Mineralienpendeln sind der Bergkristall und der Lapis (Pendlerstein) am gebräuchlichsten, dicht gefolgt von Rosenquarz und Amethyst. Seit die Heilwirkung der Steine bekannt ist und genutzt wird, ist das Angebot beinahe unbegrenzt. Hölzer werden meist ohne das Wissen der Kräfte eingesetzt, Metalle leider ebenfalls. Das Wissen um die Wirkung der Metalle ist sehr alt. Bereits die Kelten haben Metalle eingesetzt, um sich vor Krankheiten zu schützen. Im folgenden möchte ich deshalb die aus der Chemie bekannten Eigenschaften der Metalle anführen:

1. elektrische Leitfähigkeit
2. große Wärmeleitfähigkeit
3. hohe Schmelztemperaturen
4. große Dichte
5. Glanz und Undurchsichtigkeit, entstehend aus der Absorption und Reflexion von Licht.

Kupfer

Kupfer ist das leitfähigste Metall, daher wird es auch bei elektrischen Leitungen verwendet.

Kupfer hat eine sehr hohe Transparenz, es läßt durch und leitet. Menschen mit roten Haaren oder einer transparenten, durchsichtigen Haut haben diese Veranlagung in ihrem Naturell, daher ist für sie Kupfer ein Metall, das die gleichen Eigenschaften, das heißt, die gleiche Wellenlänge hat. Der Nachteil von Kupfer ist jedoch, daß es nicht filtert oder sondiert. Es transportiert alles mit, auch den »Schund der Umwelt«. Menschen mit den Eigenschaften des Kupfers werden daher auch oft von den negativen Eigenschaften der Umwelt überfordert. Es fehlt ein wirksamer Filter. Kupferpendel sollten daher (vor allem für den Anfänger) einen Messingkörper haben und nur mit einem Kupfermantel in ihrer Wirkungsweise leicht verstärkt sein.

Die Farbe des Metalls Kupfer enthält das Dynamische, Aktive aus dem Rot, das Urständige, Naturverbundene aus dem Braun und das Klare, Transparente und Reine aus dem Weiß.

Messing

Messing ist eine Legierung aus Kupfer und Zink, wobei Zink maximal einen Anteil von 44 Prozent ausmachen darf.

Zink hat einen schützenden, beschützenden Charakter. Es geht so weit, daß es sich in Verbindung mit anderen Metallen komplett aufopfert. In Verbindung mit Blei gibt Zink seine elektrische Kraft dem Eisen, um dieses zu stärken. Danach verfällt die Kraft des Zink und es rostet bei dieser totalen Hingabe. Zink ist ein Übermittler der Kraft in der absolutesten Form der Selbstaufgabe und der Aufopferung. Da Messing aus der Verbindung von Zink und Kupfer entsteht, ist sein Charakter eine Verschmelzung dieser beiden Grundeigenschaften von Zink und Kupfer.

Messing leitet gut, aber nicht ganz so gut wie reines Kupfer. Es hat den Vorteil, daß ein zweites Metall da ist, das aufopfernd und bedingungslos filtert. Der Charakter von Messing ist daher wie die Liebe einer Mutter zu ihrem Kind. Es wird nicht nachgefragt, sondern gehandelt. Messing strahlt daher auch eine gewisse Geborgenheit aus, es ist nicht stolz wie Gold, aber doch sehr ähnlich in der Farbe. Es ist eine Stufe bescheidener, natürlicher, einfacher. Vielleicht sind viele Beschläge von Möbeln aus Messing, weil es eine spontane Geborgenheit ausstrahlt.

In der Farbenlehre ist dem Messing die Farbe Braun zugeordnet, die die Natur, die Urinstinkte und die Mütterlichkeit widerspiegelt.

Gold

Je südlicher die Regionen, desto üppiger wird auch der Goldschmuck. Gold verleiht ein Gefühl der Fülle und des Überflusses, es steht seit Jahrtausenden für Glanz und Macht. Dem, der Gold hatte, war Ehrfurcht zu erweisen.

Aus dieser Einleitung wird bereits klar, daß Gold eine majestätische, aber auch schützende Wirkung hat. Es macht rein, nobel und edel, ob es sich um Personen oder Gedanken handelt. So ist eine Vergoldung auf einem Pendel wie ein zusätzlicher Filter, der entsprechend auch den Pendler schützt. Gold ist ähnlich wie der Rosenquarz ein »Strahlenfresser«. Es kann zum großen Teil Strahlungen neutralisieren und Bakterien abtöten. Sind die störenden Strahlungen erst einmal vernichtet, ist die Konzentration des Menschen besser. Vielleicht ist dies einer der Gründe, weshalb die Kaiser und Könige Kronen aus Gold getragen haben. Gold war bereits lange bevor es zur Handelsware wurde ein begehrtes Objekt für Halsreifen und Talismane.

Personen, die gern oder viel Goldschmuck tragen, sind prädestiniert, ein Pendel auszuwählen, das ihrer natürlichen Vorliebe entspricht. Vergoldete Pendel werden auch dann eingesetzt, wenn jemand über längere Zeit geistiges Pendeln praktiziert und sich selbst vor Fremdeinflüssen schützen will.

Die Eigenschaften von Gold in der Farbenlehre sind die gleichen, die oben bereits beschrieben worden sind.

Silber

Silber ist das ungewöhnlichste und speziellste der Metalle. Kommt Silber an die Luft, oxidiert es. Aber nicht nur an der Luft wird Silber schwarz, sondern bei der Berührung mit Schweiß, Leder, Schwefel, Wasser und vielem mehr. Genauso wie eine Silberkette am Hals einer Person schwarz anlaufen kann, reinigt es sich selbst, wenn es von jemand anderem getragen wird. Silber ist in stetiger Veränderung und den äußeren Einflüssen voll unterworfen.

Menschen, die in Phasen extremer Veränderungen stehen, können mit Silber erstaunliche Resultate erzielen. Stimmt das stetige Auf und Ab überein, verstärkt das Silber die Aufnahmefähigkeit und verleiht dem Pendel einen enormen Schwung. Vor allem Jugendliche in der Pubertät schätzen die unterstützende Wirkung des Silbers. So ist es auch nicht weiter erstaunlich, daß gerade junge Menschen bevorzugt Silberschmuck tragen, und zwar nicht in allzu kleinen Mengen. Menschen, die aus einer gewohnten Umgebung ausgebrochen sind und eine starke innere Veränderung durchleben, greifen auch sehr oft auf Silber zurück. Erstaunlich ist dabei, daß diese Personen zwar den Goldschmuck weiterhin tragen, ihn jedoch mit Silberschmuck zu mischen beginnen. Dies taten übrigens auch die Kelten. Sie trugen Gold- und Silber-Halsreifen, um sich zu schützen. Es wird angenommen, daß die Kelten die bakterientötende Wirkung von Gold und Silber bereits kannten und die Metalle als medizinische und psychologische Hilfsmittel einsetzten.

Glanzchrom

Glanzverchromungen finden sich hauptsächlich in der modernen Industrie. Gewisse Teile werden mit Chrom hervorgehoben, verschönert, aber auch gegen Witterungseinflüsse resistenter gemacht. Früher waren die Stoßstangen der Autos glanzverchromt. Wenn diese poliert waren, konnte man sich darin spiegeln.

Glanzchrom hat genau diese zwei Wirkungen. Erstens ist es schützend gegen Einflüsse von Außen, da es sehr resistent ist. Und zum zweiten wirft es gleich einem Spiegel alles zurück, was auf seine Oberfläche trifft. Das Pendeln mit einem Glanzchrompendel ist daher nicht ganz einfach. Für längeres oder geistiges Pendeln bietet es jedoch einen idealen Schutz, es kann aber auch ermüden. Die schützende Wirkung der Glanzchrompendel wird meist von blonden, blauäugigen oder hellhäutigen Personen genützt, während die dunkelhäutigen Menschen Gold bevorzugen.

Die Farben des Glanzchroms sind Blau und Stahlblau, beides kühlende und schützende Farben. Blau wirkt beruhigend und vermittelt ein Gefühl der inneren Sicherheit. Hellblau und Stahlblau sind aber auch die Farben der geistigen Transparenz.

Mattchrom

Eine Mattverchromung wird hergestellt, indem die Oberfläche mit einer Sandstrahlung aufgerauht und durchlässig gemacht wird. Das so behandelte harte Chrom hat keine Chance mehr, seinen undurchdringlichen Charakter voll zu entfalten. Eine künstliche Durchlässigkeit ist geschaffen worden, aber im Gegensatz zu Kupfer, das alles aufnimmt, was leitbar ist, wirkt die abwehrende Art des Chroms weiter.

Mattchrom ist ideal für Menschen, die einen persönlichen Hang zur Transparenz haben, den sie jedoch selbst nicht immer fassen und leben können. Der schützende und gleichzeitig abwehrende Faktor, den das Chrom mit sich bringt, und das Transparente, Durchlässige, das durch die Sandstrahlung entstanden ist, bilden einen natürlichen Widerspruch. Es entsteht eine stete, zarte Bewegung, ausgelöst durch die Vereinigung der Gegensätze.

Die Farbe des Mattchroms ist Lavendel, eine Farbe die aus dem konstanten, aktiven Widerspruch des Violett (Rot und Blau zu gleichen Teilen) und dem Beimischen von Weiß entsteht, das klar, transparent und rein ist.

Die Auswahl der Metalle

Metall	Menschentyp
Messing	unter Vorbehalt: alle
Kupfer	rot- bis dunkelhaarig und / oder transparente Haut
Silber	Menschen im Umbruch und im Wandel
Gold	dunkelhaarig / dunkelhäutig
Glanzchrom	hellhäutig / helles Haar
Mattchrom	transparente Haut / helles Haar

Die Metalle und ihre Farben

Metall	Farbe
Messing	Braun
Kupfer	Rot / Kupfer
Silber	Silber / Weiß
Gold	Gold / Gelb
Glanzchrom	Blau / Stahlblau
Mattchrom	Violett / Lavendel

Die allererste Übung

Setzen Sie sich an einen Tisch und nehmen Sie das Pendel in Ihre Hand. Sind Sie Rechtshänder, so nehmen Sie das Pendel in die rechte Hand, sind Sie Linkshänder, nehmen Sie das Pendel in die linke Hand.

Fädeln Sie nun den Ring, der an dem hinteren Ende der Kette befestigt ist, in den kleinen Finger. Das wird nur gemacht, um später, wenn das Pendel stark kreist, eine Sicherheit zu haben, daß die Kette nicht aus den Fingern gleitet. Denn jeder Gedanke, der einer Ablenkung gleichkommt, ist verschwendete Energie und kann den Pendler aus seinem absolut entspannten und inneren Zustand herausreißen.

Sollte sich am Ende Ihrer Pendelkette kein Ring, sondern

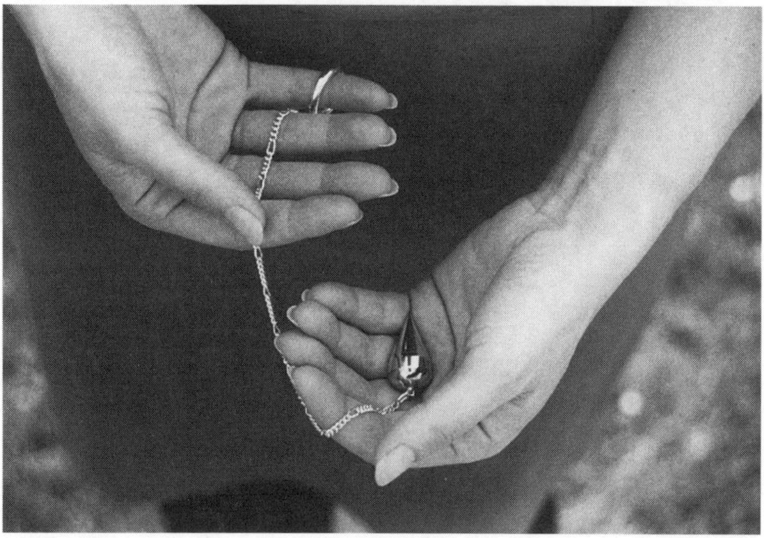

eine kleine Glasperle befinden, klemmen Sie diese zwischen Ringfinger und den kleinsten Finger, so daß die Perle auf dem Handrücken sichtbar wird.

Halten Sie anschließend das Pendel noch kurz mit der zweiten Hand, damit es nicht unkontrolliert hin und her schwingt.

Die folgenden Abbildungen zeigen Ihnen, wie Sie das Pendel halten können:

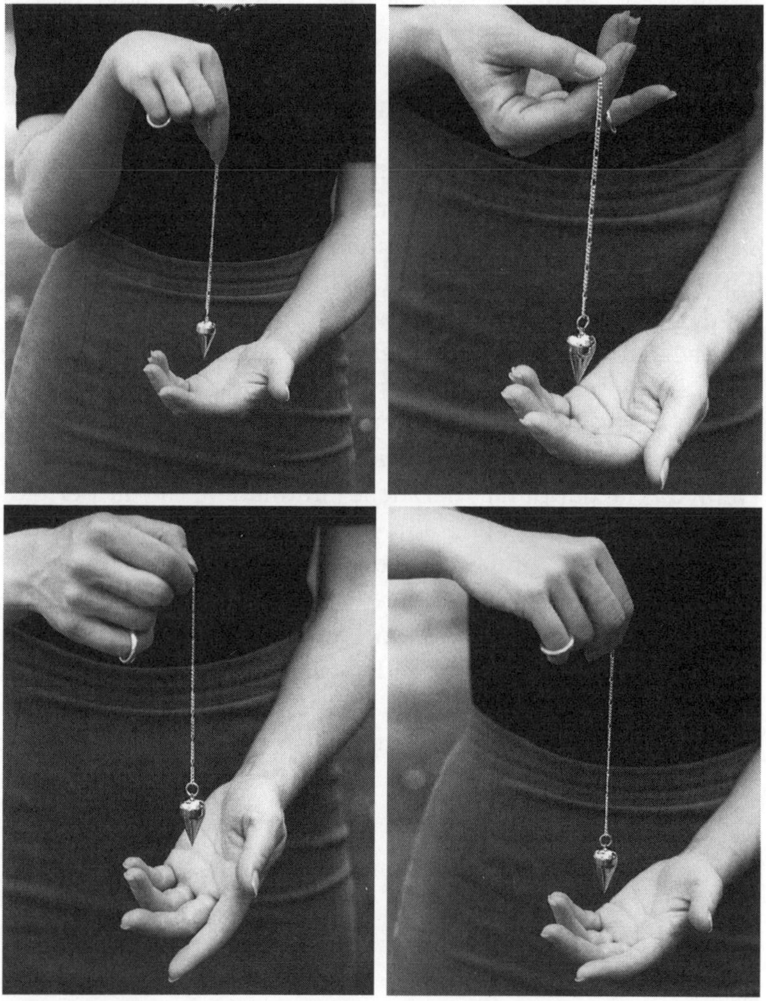

Die Pendelhaltung

Nun halten Sie das Pendel so vor sich, daß es einen Abstand von etwa zehn Zentimetern zur Tischplatte hat. Jetzt ist Ihre zweite Hand gefragt. Legen Sie diese unter das Pendel, daß es lose schwingen kann, ohne die Hand zu berühren. Lassen Sie einen Abstand von drei bis fünf Zentimetern (es kommt für den Anfang nicht so genau darauf an) und harren Sie der Dinge, die da kommen mögen.

Beginnt das Pendel zu schwingen, sollte es einen Kreis über Ihrer Hand zeichnen. Wenn es dies tut, ist das wunderbar und Sie können nun die Hand, die unter dem Pendel liegt, vorsichtig wegziehen und umdrehen. Schieben Sie jetzt Ihre Hand wieder unter das Pendel und warten Sie ab.

Langsam wird der Kreis, den das Pendel noch immer anzeigt, zusammenfallen, bis das Pendel fast oder ganz stehenbleibt. Und dann wird es wieder zu schwingen beginnen. Aber diesmal geht der Kreis in die entgegengesetzte Richtung. Wenn das geklappt hat, herzliche Gratulation, es war perfekt. Sie haben mit dem Pendel Ihre eigenen Schwingungen aufgenommen und die Plus- sowie die Minusseite Ihrer Hand ausgependelt.

Versuchen Sie, wenn Sie möchten, auch die Plus- und Minusseite von Papier auszupendeln. Selbstverständlich können Sie auch alles andere nehmen, was Ihnen gerade in den Sinn oder zwischen die Finger kommt.

Der allererste Fehlschlag

Hier gehe ich davon aus, daß Sie die Übung gemacht haben, aber nicht mit dem gewünschten Resultat. Das ist nicht weiter tragisch, denn wir haben diverse Faktoren, die einen großen Einfluß haben können, bisher einfach ausgelassen.

Die Körperhaltung

Wenn wir auf Stühlen sitzen, haben die meisten von uns die Angewohnheit, die Beine übereinander zu schlagen. Beim Pendeln wollen wir jedoch Strahlungen aufnehmen, die uns umgeben. Daher ist es absolut notwendig, daß wir uns erden und beide Füße auf den Boden stellen. (Auch beim geistigen Pendeln sollte man den Boden unter den Füßen nie verlieren.)

Die Länge der Pendelkette

Eine normale Pendelkette ist rund 20 Zentimeter lang. Die eine Hälfte der Kette wird für die lose Haltung in der Hand (vom kleinen Finger bis zum Zeigefinger mit Daumen) gebraucht, die zweite Hälfte von rund zehn Zentimetern ist der hängende Teil. Für den Anfang ist es einfacher, das Pendel etwas kürzer zu halten. Übertreiben nützt auch nichts, acht Zentimeter Länge sollten Sie dem hängenden Teil trotz allem einräumen.

Nord-Südausrichtung

Als ich mit dem Pendeln begann, teilte man mir mit, daß ich immer mit Blick gegen Süden sitzen soll. Natürlich hatte ich dafür nichts übrig, und ich setzte mich immer so an den Tisch, wie es eben gerade kam. Ich hatte keine Probleme, so zu pendeln, und deshalb vergaß ich diese Empfehlung. Später habe ich das »Phänomen« Nord-Süd in unzähligen Bereichen wiedergefunden. In der Zwischenzeit durfte ich feststellen, daß es sich bei der Ausrichtung Nord-Süd um eine ganz fantastische Hilfe handelt, die man annehmen kann (oder eben auch nicht).

Die Quarzuhr und der liebe Schmuck

Die meisten von uns tragen eine Uhr und Schmuck an den Fingern. Wie Sie nun bereits wissen, haben auch Metalle ihre Kräfte und wirken auf uns ein. Für ein erfolgreiches Pendeln ist es ratsam, den Schmuck beiseite zu legen. Es gibt eine sogenannte Sicherheitszone von 80 Zentimetern Distanz, die Sie zu Ihrer Quarzuhr, einer Stereoanlage oder einem Radiowekker einhalten sollten. Feinfühlige Menschen bekommen Schmerzen im Handgelenk, wenn Sie mit ihrer Quarzuhr pendeln.

Gewitter

Ist ein Gewitter im Anmarsch oder bereits in vollem Gang, so können Sie das Pendel gleich wieder aus der Hand legen. Die atmosphärischen Störungen sind um vieles stärker als Sie selbst.

Geerbte Pendel / Pendeln mit dem Ehering

Grundsätzlich steht es Ihnen natürlich frei, mit allem zu pendeln, was Ihnen Spaß macht. Doch sind leider oft gut gemeinte Ideen dem Zweck völlig hinderlich.

Pendeln Sie mit einem alten Erbstück vom Großvater, kommt er Ihnen automatisch immer wieder in den Sinn. Wenn Sie den Großvater auspendeln möchten, ist diese Lösung geradezu perfekt, für alle anderen Übungen wäre Ihr Geist ohne den Großvater (oder die Gedanken an ihn) viel freier. Das gleiche gilt auch, oder besonders, für den Ehering. Wenn Ihnen Ihre Ehe nur Kraft, Freude und Aufschwung verleiht, nehmen Sie den Ring als Pendel. Sollten Sie jedoch – und das geht den meisten so – auch andere Erinnerungen begleiten, werden Sie von der Summe der Erfahrungen Ihres Ehelebens beeinflußt. Und das scheint mir doch etwas zuviel.

Medikamente und Drogen

Wenn Sie Medikamente mit beruhigender Wirkung einnehmen oder gemütlich bei einem oder mehreren Gläsern Wein zusammensitzen, dann ist das Pendel keine zuverlässige Informationsquelle mehr. Lehnen Sie ab, auch wenn man Sie bittet, etwas auszupendeln. Es wird sonst eine Lotterie und Sie verlieren Ihre Glaubwürdigkeit. Nikotin verbrennt die Energie des Körpers und kann, wenn kurz vor dem Pendeln oder gleichzeitig geraucht wird, den Pendler in eine Art »schwarzes Loch« stürzen. Dies hat zwar nicht lange Bestand, kann aber ein sehr lästiges Gefühl der Übermüdung zurücklassen.

Die Übung mit der Batterie

Sicherlich findet sich bei Ihnen zu Hause irgendwo eine funktionstüchtige Batterie, wie sie unten abgebildet ist. In Küchenuhren halten sie sich oft versteckt. Legen Sie die Batterie vor sich auf den Tisch und nehmen Sie das Pendel in die zuvor bestimmte Hand. Halten Sie Ihr Pendel über den Pluspol (+), und zwar so lange, bis es zu kreisen beginnt. Schreiben Sie sich die Richtung auf, in der es gekreist hat. Halten Sie nun das Pendel über den Minuspol (-) und notieren Sie sich ebenfalls das Resultat.

Wiederholen Sie bitte diese Übung mindestens zehnmal und notieren Sie sich dabei die Resultate.

Es handelt sich hier nicht um einen schlechten Scherz, daß Sie die Übung so oft wiederholen müssen, hier geht es um eine der zentralen Abklärungen für Ihre pendlerische Zukunft. Gleichzeitig können Sie mit dieser Übung auch Ihre spontane Pendelsensibilität fördern und sich an Ihr Pendel gewöhnen.

Das Ja und das Nein

Wenn Sie bei der Übung mit der Batterie konstant das gleiche Resultat erzielt haben, können wir bereits zur Interpretation übergehen.

Ich gehe davon aus, daß das Pendel über dem Pluspol der Batterie einen Rechtskreis gezeichnet hat und über dem Minuspol einen Linkskreis. Haben Ihre Versuche das gegenteilige Resultat ergeben, wird für Sie das folgende Kapitel elementar wichtig.

Der Rechtskreis über dem Pluspol bedeutet, wenn man die Pendelschwingung interpretiert, daß die Antwort »Positiv, ja, in Ordnung« heißt. Da die Batterien mit + und - gekennzeichnet sind, können Sie das Resultat sofort überprüfen. Interessant wird diese Übung natürlich erst dort, wo dieser Hinweis fehlt. Hätten Sie beispielsweise diese Übung mit einem Ei gemacht, von dem Sie nicht genau wissen, ob es noch genießbar ist oder nicht, hätten Sie jetzt eine positive Antwort.

Logischerweise entspricht der Linkskreis (Gegenuhrzeigersinn) dem Negativen, nein, nicht in Ordnung. Vielleicht finden Sie in Ihrem Haushalt ein Lebensmittel, das bereits das Zeitliche gesegnet hat. Wenn Sie nun das Pendel darüber halten, wird es einen schönen Linkskreis zeichnen, der Ihnen mitteilt, daß dieses Lebensmittel nicht verträglich ist.

Als sehr interessante Fundgrube erweist sich meistens auch der Medikamentenschrank. Viele Tabletten werden lange über das Gültigkeitsdatum hinaus aufbewahrt. Pendeln Sie es einfach mal aus!

Keine Regel ohne Ausnahme

Wenn Sie die Übung mit der Batterie gemacht haben und konstant das falsche Resultat erzielten (Minuspol ergab Kreis im Uhrzeigersinn und Pluspol einen Kreis im Gegenuhrzeigersinn), so sind Sie vielleicht ein »falscher« Rechts- oder Linkshänder. Nehmen Sie also bitte das Pendel in die andere Hand und versuchen Sie das gleiche noch mal. Wenn es nun perfekt klappt, wissen Sie, daß Sie das Pendel in die andere Hand nehmen müssen. Vermutlich werden Sie zu Beginn einige zusätzliche Schwierigkeiten haben, da sich die Hand zuerst an ihre neue Rolle gewöhnen muß. Aber das gibt sich mit der Zeit von selbst. Erhalten Sie jedoch mit der anderen Hand genau das gleiche, falsche Resultat, so sind Sie eine Ausnahme. Und dies bedeutet für Sie folgendes: Alle Pendelbücher wurden für die anderen und nicht für Sie geschrieben. Werfen Sie aber jetzt das Buch trotzdem nicht gleich in die Ecke, es gibt eine einfache Lösung.

Alles, was für die anderen »ja / positiv« ist, müssen Sie als »nein / negativ« werten. Ein Rechtskreis ist somit für Sie negativ, ein Linkskreis positiv. Später werden wir noch ein zweites Ja und Nein kennenlernen, das wir dem Pendel selbst beibringen. Und dort gilt natürlich die Abmachung, die getroffen wird. Aber für alle Schwingungen in Kreis- und Ellipsenform ist für Sie die Interpretation gegenteilig von dem, was für die anderen gültig ist. Sie wissen nun, daß Sie negativ gepolt sind und müssen einfach nur die Vorzeichen umkehren, um Ihre Pendelschwingung korrekt interpretieren zu können. Falls Sie Kurse besuchen, mit Freunden pendeln oder gar selbst unterrichten, vergessen Sie nicht, dieses elementare Detail mitzuteilen.

Wiederholung

Rechtskreis = positiv = ja

Linkskreis = negativ = nein

Kleine Gedächtnisstütze:

Unser normales Leben spielt sich im Uhrzeigersinn ab. Wir stehen am Morgen auf, dann ist Mittag, Abend und anschließend Nacht. Die Richtung, in der sich der Uhrzeiger dreht, ist für uns normal. Schwingt das Pendel ebenfalls im Uhrzeigersinn, bedeutet die Antwort ja, positiv, in Ordnung.

Das Umgekehrte gilt für die Drehung im Gegenuhrzeigersinn.

Rechtskreis

Linkskreis

Eine sympathische Übung

In dieser Übung werden wir mit dem Pendel prüfen, wie groß die Sympathie zwischen zwei Personen ist.

Vor allem Jugendliche schätzen diese Übung, denn sie möchten gern wissen, ob derjenige, den sie heimlich verehren, auch für sie etwas übrig hat. Doch auch die schönste Pendelschwingung nützt nichts, wenn das Pendel geistig beeinflußt wird. Mehr dazu im nächsten Kapitel. Diese Übung wird dann besonders interessant, wenn man nicht nur Bilder von dicken Freunden hat, sondern auch Fotos von Leuten, die sich nicht sonderlich mögen oder die sich in der Zwischenzeit verkracht haben. Am allerbesten eignen sich für den Anfang Paßfotos oder Bilder, auf denen die Personen etwa gleich groß abgebildet sind. Wenn zwei Leute nebeneinander stehen, geht es ebenfalls.

Legen Sie die beiden Fotos etwa zwei Finger breit voneinander entfernt vor sich auf den Tisch und stellen Sie Ihre Pendelspitze in die Mitte von diesem Abstand. Ziehen Sie nun das Pendel in die gewohnte Lage hoch, so daß sein Lotpunkt genau in der Mitte der beiden Bilder ist. Da Sie beide Personen auspendeln möchten, müssen Sie hier das Pendel etwas höher halten, damit es die Schwingungen von beiden Personen aufnehmen kann. Lassen Sie das Pendel nun frei kreisen. Dreht das Pendel in einer kräftigen Rechtsschwingung, bedeutet das Harmonie. Je stärker die Schwingung ist, desto stärker ist die gegenseitige Sympathie.

Wenn mit dem Pendeln begonnen wird, ist es gut möglich, daß ein Kreis sehr fein ausfallen kann, obwohl sich diese Menschen sehr gut verstehen. Ermüdungserscheinungen sind am Anfang ganz normal. Legen Sie einfach die Fotos in Griffnähe

* Pendelspitze

weg, so daß Sie später die Übung ohne große Vorbereitung wiederholen können.

Wenn Sie einige Postkarten aufbewahrt haben, können Sie den gleichen Vorgang auch mit Handschriften wiederholen. Harmonie und Sympathie zwischen zwei Menschen läßt sich mit dem Pendel sehr gut über Handschriften feststellen. Probieren Sie es einfach aus. Später können Sie auch die Charaktereigenschaften anhand schriftlicher Zeugen auspendeln, oder die Neigung zu bestimmten Berufen oder auch Krankheiten. Aber jetzt gehen wir wieder zurück zu dem, was Sie soeben gelernt haben.

Sympathie und Harmonie oder auch das Gegenteil gibt es nicht nur zwischen Menschen, sondern steht grundsätzlich für alles, was mit dem Begriff Beziehung zusammenhängt. So haben zwei Pflanzen, die nebeneinander wachsen, eine Beziehung zueinander. Die Pflanzen haben auch eine Beziehung zu ihrem Standort. Sie wiederum haben eine Beziehung zu verschiedenen Menschen, zu Ihrer Wohnung, zum Standort Ihres Bettes. Jeder und alles hat Beziehungen zu allem.

Sie können zum Beispiel mit den Kenntnissen, die Sie jetzt bereits haben, auspendeln, ob die beiden Zimmerpflanzen, die nebeneinander stehen, sich auch sympathisch sind. Haben Sie einen Garten oder pflanzen Sie auf Ihrem Balkon neue Blumen, können Sie die Samen oder Pflänzchen auf ihre gegenseitige Sympathie auspendeln, bevor Sie sie setzen.

Schon jetzt sind Sie in der Lage, noch etwas anderes zu tun. Halten Sie das Pendel über Ihr Bett. Zuerst beim Kopf, dann in Brusthöhe, Bauchhöhe und anschließend bei den Beinen und Füßen. Versuchen Sie dabei aber bitte nicht, irgendwelche Fragen zu stellen, dafür ist es noch zu früh. Nehmen Sie lediglich die Strahlungen auf, die Ihnen entgegenschwingen. Grundsätzlich sollten alle Pendelbewegungen einen Rechtskreis darstellen, was, wie Sie bereits wissen, »in Ordnung« bedeutet. Bevor Sie nun beginnen, Ihre ganze Wohnung umzustellen, machen wir mit den Pendelübungen noch etwas weiter. Vielleicht stört nämlich nur der Radiowecker, oder ein Kristall, den Sie aufgestellt haben, oder ein Gürtel mit einer Metallschnalle, der unter das Bett gefallen ist.

Die geistige Beeinflussung

Wenn ein Pendel lose über einem Gegenstand schwingt, zeichnet es normalerweise zuerst einen Kreis. Später kann seine Schwingung auch die Form von Ellipsen, von Linien oder Rosetten annehmen. Es ist wichtig, die Schwingungen gut zu beobachten, um sie später lesen und interpretieren zu können.

Legen Sie bitte ein leeres Blatt Papier auf Ihren Tisch und halten Sie das Pendel wie gewohnt in Ihrer Hand. Sie werden jetzt mit Ihrer Gedankenenergie das Pendel zum Schwingen bringen, indem Sie ihm klare Anweisungen geben, was es zu tun hat. Ob Sie die Befehle laut formulieren oder ob Sie sie nur denken, spielt an und für sich keine Rolle. Wichtig ist, daß Sie wollen, daß sich das Pendel in diese Richtung bewegt.

Wenn Sie die folgenden Übungen gemacht haben, wiederholen Sie doch bitte das Spiel mit der Batterie. So können Sie lernen, flexibel von der bewußten Beeinflussung zur unterbewußten Aufnahme zu wechseln.

Atmen Sie noch einmal tief durch, jetzt geht es los:

Diktieren Sie mit Ihrer Gedankenenergie dem Pendel die unten aufgeführten Schwingungen:

1. Zeige mir eine Senkrechtline
   (Das Pendel muß nun auf und ab schwingen)
2. Zeige mir eine Waagrechtlinie
   (Das Pendel muß hin und her schwingen)
3. Zeige mir eine Diagonale
   (Das Pendel geht bei Rechtshändern von rechts oben nach links unten)
4. Zeige mir einen Rechtskreis
   (Das Pendel schwingt im Uhrzeigersinn)

5. Zeige mir einen Linkskreis
   (Das Pendel schwingt im Gegenuhrzeigersinn)
6. Zeige mir eine Ellipse
   (Das Pendel schwingt oval, und zwar in der Achse der Diagonalen)
7. Zeige mir eine liegende Ellipse
   (Das Pendel schwingt oval, in der waagrechten Achse)

Wenn Sie alle Übungen gemacht haben, beginnen Sie wieder mit der Übung 1, aber um folgenden Zusatz erweitert:
1A Zeige mir eine Senkrechtline
1B Zeige sie mir schöner / klarer / besser / kräftiger etc.
Jetzt sollte das Pendel richtig kräftig schwingen.

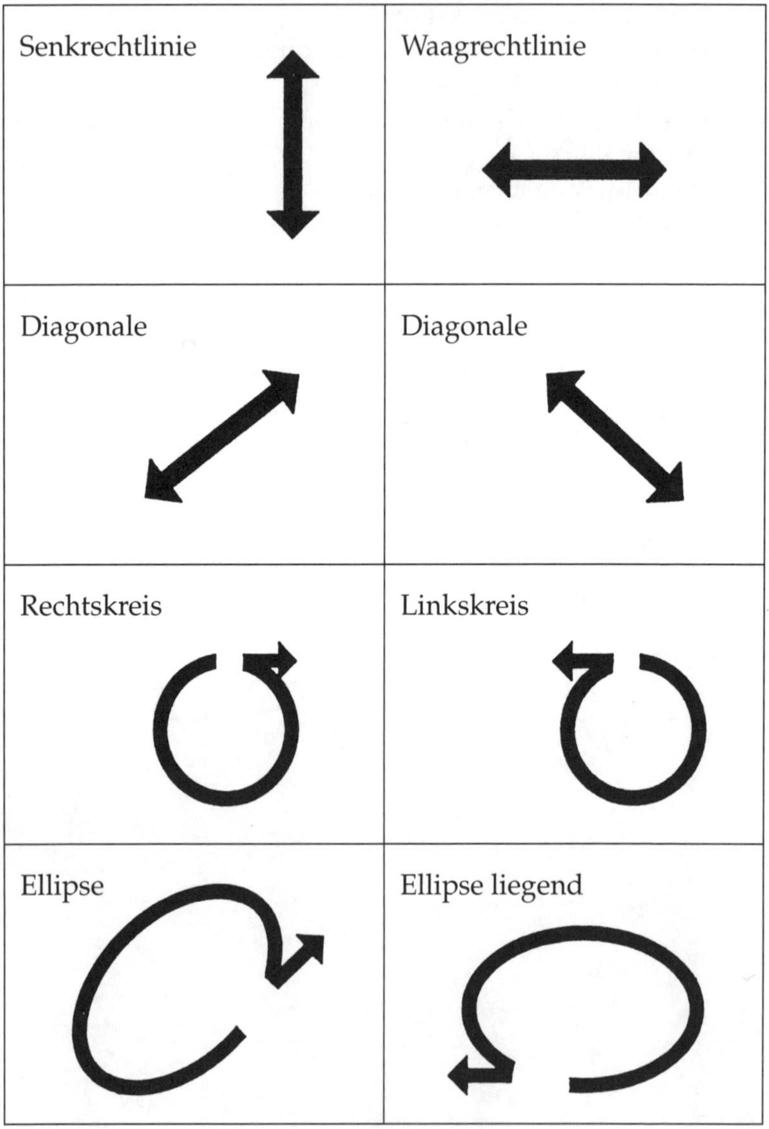
Senkrechtlinie
Waagrechtlinie
Diagonale
Diagonale
Rechtskreis
Linkskreis
Ellipse
Ellipse liegend

Höflichkeit

Als ich Pendeln lernte, wies uns unser Pendellehrer immer wieder darauf hin, mit dem Pendel höflich zu sein. Befehle wie: »Zeige mir eine Senkrechtline« oder: »Zeige sie mir besser« waren absolut tabu. Wir wurden angehalten, die Fragen höflich zu stellen, und zwar: »Zeige mir bitte eine Senkrechtlinie.« Hat das Pendel den Befehl korrekt ausgeführt, wurde ihm dafür jedesmal gedankt.

Bevor wir mit dem Unterricht begannen, mußten wir folgende drei Fragen an das Pendel stellen:

- Bin ich bereit zum Pendeln?
- Ist die Zeit gut zum Pendeln?
- Darf ich Pendeln?

Wurden alle drei Fragen mit ja beantwortet, konnte es losgehen.

Ich habe dieses Kapitel hier eingefügt, weil die Höflichkeit recht verbreitet ist und es selbstverständlich jedermann frei steht, diese zu pflegen. Ich persönlich ziehe die Grenze über die innere Einstellung, denn der Ton macht die Musik. Wenn Ihnen bitte und danke im Umgang mit dem Pendel guttut, dann bitte tun Sie es. Vergessen Sie jedoch nie, daß das Pendel ein hochempfindliches Werkzeug, ein Hilfsmittel für den Transport von unterbewußtem Wissen ist und ein Anrecht auf Respekt und Toleranz hat.

Das zweite Ja und das zweite Nein

Es gibt internationale Absprachen, und an die werden wir uns auch halten. Das haben wir mit der Interpretation des Rechts- und Linkskreises bei der Übung mit der Batterie bereits das erste Mal getan.

Es gibt jedoch noch ein zweites Ja und ein zweites Nein. Dabei handelt es sich um den Senkrechtstrich und den Waagrechtstrich.

Wenn Sie jemanden zu sich winken, zeigen Sie mit einer Geste – Sie ziehen die Hände zu sich –, was Sie meinen. Sie ziehen also jemanden zu sich heran, empfinden es als gut. Diese Bewegung, die eine beidarmige Senkrechtline auf den Boden zeichnet, entspricht auch dem Ja. Wenn Sie jedoch etwas abwehren (nein danke), bewegen Sie Ihre Hand wie einen Scheibenwischer in waagrechter Haltung vor Ihrem Körper. Dieses Abwehren entspricht dem Nein, der Waagrechtlinie.

Das ist die Theorie, und nun zur Praxis. Jetzt müssen Sie Ihrem Pendel noch beibringen, daß eine senkrechte Linie ein Ja bedeutet und eine waagrechte Linie einem Nein gleichkommt.

Beginnen wir mit dem Ja. Lassen Sie Ihr Pendel senkrecht schwingen, indem Sie es dazu auffordern. Wenn es schön schwingt, teilen Sie ihm folgendes mit: Das ist dein Ja! Wiederholen Sie diese Übung ein paarmal, Sie können auch mit dem Nein abwechseln.

Als nächstes möchten Sie natürlich prüfen, ob der Befehl auch angekommen ist. Lassen Sie Ihr Pendel wieder schwingen, am besten in einem Kreis, und sagen Sie ihm folgendes: Zeige mir mein Ja!

Jetzt sollte sich der Schwung des Pendels verändern. Aus dem Kreis wird eine Art Ellipse, die sich zusehends verschmälert, bis eine klare Senkrechtlinie entsteht.

Die Schwünge, die das Pendel braucht, um von einer Form in die andere zu gelangen, sind später oft die Ursache von Fehlinterpretationen. Es handelt sich hier um Zwischenschwünge, die nur dazu dienen, daß das Pendel den Befehl überhaupt ausführen und von der Kreisform in die Linienform wechseln kann.

Zwischenschwünge haben ihre Bedeutung, aber damit sind wir bereits beim Garnieren des Desserts, ohne die Vorbereitungen abgeschlossen zu haben.

Nun zurück zu unserem Ja und unserem Nein. Normalerweise gehorcht das Pendel auf Anhieb. Aber freuen Sie sich nicht zu früh. Es benimmt sich nämlich wie ein junger Hund, der schnell wieder vergißt, was er gerade gelernt hat. Dieses Ja / Nein Spiel sollten Sie so lange üben, bis es hundertprozentig perfekt ist.

Bedenken Sie, wie lange Sie nachsehen mußten, in welchem Gang Sie fahren, als Sie Autofahren lernten.

Das Pendeln klappt zwar wesentlich schneller als Autofahren, aber Sie (und auch Ihr Pendel) müssen genau wissen, was Ja und was Nein ist.

Wiederholung

Senkrecht = positiv = Ja

Waagrecht = negativ = nein

Kleine Gedächtnisstütze:

Denken Sie daran, wie Sie jemanden zu sich winken, das ist das Ja.

Wenn Sie jedoch etwas nicht wünschen, winken Sie mit den Händen ab, genauso ist auch das Nein.

Die Grundformen beim Pendeln sind immer logisch und entsprechen unseren normalen, täglichen Reaktionen.

Senkrecht (JA)

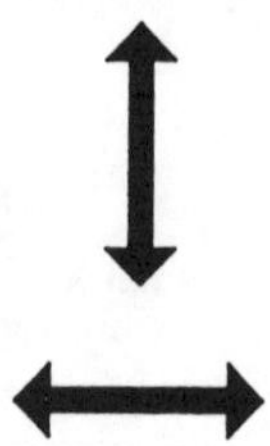

Waagrecht (NEIN)

Vielleicht

Sicherlich haben Sie den Ausspruch: »Ich kann Ihnen diese Frage mit einem klaren Vielleicht beantworten« auch schon gehört. Das Pendel kann das auch. Die Schwingungsform des Vielleicht ergibt sich automatisch aus den Grundformen von ja und nein. Ja ist eine senkrechte Linie, nein eine waagrechte Linie. Vielleicht ist das »Ding« dazwischen, also die Diagonale.

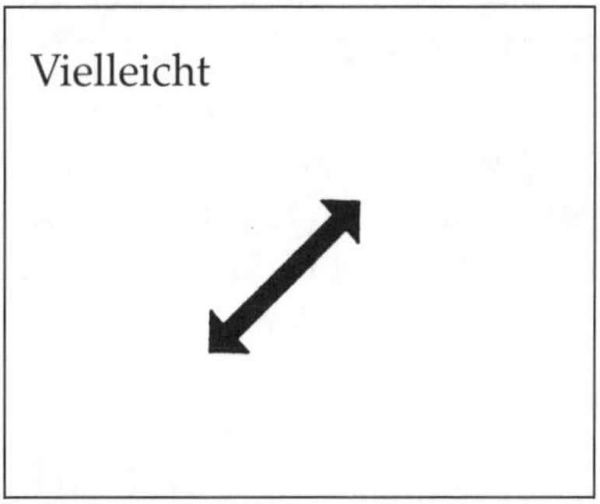

Vielleicht ist immer die passende Antwort auf die Fragen, die nicht klar genug gestellt worden sind. Wenn auf eine Frage weder mit ja noch mit nein geantwortet werden kann, handelt es sich um eine offene Frage, das Pendel braucht geschlossene Fragen.

Mehr dazu im Kapitel über die Fragestellungen.

Nichts geht mehr

Wenn ein Pendel nicht schwingt, steht es still. Das kann für den einzelnen, vor allem am Anfang, recht verwirrend sein.

Obwohl ein Pendelstillstand an und für sich etwas Außergewöhnliches ist, passiert es doch am Anfang recht häufig. Ein Pendelstillstand hängt meist mit der momentanen Erschöpfung der Person zusammen, die einfach nur einer Pause bedarf. Auch bei Fragen, die weder mit ja noch mit nein und ebenfalls nicht mit vielleicht beantwortet werden können, steht das Pendel still oder vollführt obskure Schwingungen.

Wenn Sie eine Frage gestellt haben, deren Antwort Sie schlichtweg nichts angeht, kann es gut sein, daß Ihnen die Antwort verweigert wird. Immer, wenn Sie einen Hintergedanken haben, zieht sich in Ihnen etwas zusammen. Neugier und schlechtes Gewissen werden gut gemischt und dann geht gar nichts mehr. Um sich selbst zu überlisten, brauchen Sie kein Pendel, das geht auch gratis.

Wenn Sie an einem fremden Ort pendeln, kann es sein, daß äußere Einflüsse das Pendel komplett stören. Elektrische Antennen, Magnetfelder und so weiter. Normalerweise geht mit dem Stillstand gleichzeitig ein Zittern durch die ganze Kette, so daß das Pendel aussieht, als wäre es ein Fisch, der aus dem Wasser gezogen wird.

Kontakt mit einem Zeugen

Sicherlich haben Sie schon gehört, daß Pendler mit Hilfe von Fotos, Kleidungsstücken, Haaren oder ähnlichem nach vermißten Personen gesucht haben. Diese Hilfsmittel nennt man Zeugen. Sie helfen dem Pendler, sich auf das zu konzentrieren, was wichtig ist. Zahlreiche Strahler, die in den Bergen nach Mineralien suchen, haben in der einen Hand das Pendel und in der anderen Hand zum Beispiel einen Bergkristall oder ein anderes Mineral, das sie suchen. Haben die Strahler dann eine Stelle gefunden, die ihnen interessant erscheint, konzentrieren sie sich ganz auf den Stein in ihrer Hand. Mit der Frage: »Gibt es hier Bergkristall?« und mit der Antwort des Pendels von ja oder nein können sie »in den Boden hineinsehen«. Ist die Antwort ein ja, folgen die nächsten Fragen: »Sind hier große / viele Bergkristalle?« Das nächste, was den Suchenden interessiert, ist natürlich die Tiefe. Und so gehen die Fragen weiter: »Liegt der Bergkristall tiefer als 50 Zentimeter?« – »Liegt der Bergkristall in einer Tiefe von 50 Zentimetern bis einem Meter?«

Hätten Sie einen Rohrbruch zu Hause, könnten Sie diesen zum Beispiel so orten. Oder auch eine Störungsquelle. Sie würden dann nach der Art der Störungsquelle fragen. »Liegt hier eine Wasserader?« »Ist hier eine Kreuzung von Wasseradern?« und so weiter.

Zurück zu den vorher erwähnten Strahlern. Nicht nur die Suche nach Mineralien wird mit Hilfe von Pendeln erleichtert – man kann alles mit dem Pendel aufspüren.

Viele der großen Erdölfirmen suchen seit Jahren mit Unterstützung von spezialisierten Pendlern nach dem schwarzen Gold. Die Kosten für die Bohrlöcher sind so enorm hoch, daß

Fehlbohrungen oder unrentable Quellen eine Firma in finanzielle Schwierigkeiten bringen kann. Auch die berühmten und bekannten Pendler kochen nur mit Wasser, nur haben sie einen großen Vorsprung an Erfahrung und Übung.

Für den Anfang muß das Resultat jedoch sofort überprüfbar sein. Sie können jetzt lernen, Ihren ersten Zeugen einzusetzen. Dazu benötigen Sie ein normales Kartenspiel. Sicherlich kennen Sie das Spiel, in dem zwei beliebige tiefe Karten und eine Dame (Spielkarte) umgekehrt hingelegt werden und dann auf dem Tisch x-mal hin und her geschoben werden. Anschließend muß erraten werden, welche Karte die Dame ist.

Sortieren Sie aus Ihrem Kartenspiel zwei tiefe Karten, aber auch zwei Damen aus. Eine Dame brauchen Sie für das Spiel, die zweite wird Ihr erster Zeuge. Legen Sie die zweite Dame auf die Seite, und wenn Sie niemanden haben, der Ihnen die Karten auf dem Tisch vertauscht, schließen Sie die Augen und verschieben Sie die Karten selbst. Vor Ihnen liegen jetzt drei verdeckte Karten, eine davon ist die gesuchte Dame. Und jetzt geht's los. Nehmen Sie Ihr Pendel in die Hand und die übriggebliebene Karte (Dame) in die andere Hand. Sie können auch die Karte sichtbar auf den Tisch legen und über den Zeigefinger oder den Mittelfinger Kontakt aufnehmen.

Halten Sie Ihr Pendel über die erste der verdeckten Karten und fragen Sie es: »Ist diese Karte eine Dame?« Konzentrieren Sie sich dabei auf Ihren Zeugen, denn falls Sie an eine andere Karte denken, hat auch diese andere Karte für Ihr Pendel Priorität. Sie pendeln nämlich immer das aus, an das Sie denken, unabhängig, ob Sie gleichzeitig etwas anderes ansehen. Halten Sie anschließend das Pendel über die zweite und die dritte Karte und wiederholen Sie alles so lange, bis das Pendel Ihnen ganz klar gesagt hat, welche Karte die Dame ist.

Nun gilt es nur noch, die Karten umzudrehen und nachzuprüfen. Sie können dieses Spiel erweitern, indem Sie ein As aussortieren und aus dem gesamten Spiel die drei fehlenden Asse herauspendeln. Oder Sie können von jeder Farbe eine Karte weglegen und die Karten nach Farben sortieren. Oder Sie können alle Könige suchen und so fort. Bei diesen Spielchen ist nur wichtig, daß Sie jeweils einen Zeugen haben und sich entweder auf die Farbe oder das Symbol konzentrieren. Arbeiten mit Zeugen bedarf einiger Übung, aber mit der Zeit geht es immer besser.

Kleine Spielchen mit dem Pendel

Eine weitere Übung ist die folgende: Sie nehmen vier Schachteln mit Streichhölzern. Zwei Schachteln sind leer, zwei Schachteln gefüllt. In die eine leere Schachtel legen Sie zum Beispiel Würfelzucker, in die andere Sicherheitsnadeln oder was Sie gerade zur Verfügung haben. Einen zusätzlichen Würfelzucker, eine weitere Sicherheitsnadel und eine der gefüllten Streichholzschachteln legen Sie als Zeugen auf die Seite. Jetzt haben Sie drei verschiedene Dinge »versteckt«, aber gleichzeitig auch drei Zeugen.

Nehmen Sie das Pendel und den ersten Zeugen und gehen Sie auf die Suche. So können Sie lernen, mit Hilfe des Pendels durch Streichholzschachteln zu sehen, später sind Ihnen dann keine Grenzen mehr gesetzt.

Wenn die Resultate befriedigend sind, legen Sie die Zeugen weg. Und nun stellen Sie sich die Zeugen nur noch vor. Denken Sie an den Würfelzucker, wie er aussieht, wie er sich anfühlt, wie er schmeckt. Und versuchen Sie, indem Sie sich den Zeugen nur vorstellen (visualisieren), auszupendeln, in welcher Streichholzschachtel der Zucker versteckt ist.

Wenn das gar nicht klappt, können Sie auf die erste Methode zurückgreifen. Fragen Sie das Pendel: »Ist in dieser Schachtel Zucker versteckt?« und es wird Ihnen mit ja oder nein antworten.

Anfängerglück

Oft gewinnt man das erste Mal, wenn man ein neues Spiel macht, auch gleich. Dann hat man das Gefühl, die Regeln begriffen zu haben und locker über den Dingen zu stehen. Wird dann jedoch das Spiel wiederholt, folgt parallel dazu der erste Tiefschlag. Und daraus wird meist noch eine Serie. Erst mit der Zeit halten sich Gewinnen und Verlieren die Waage, und nach unzähligen Spielen gewinnt man dann öfter.

Genauso ist es auch beim Pendeln. Das Anfängerglück, sei es bei Ja / Nein oder beim Arbeiten mit Zeugen, verläßt einen nach einer gewissen Zeit, und der Frust beginnt. Sollten Sie in diese Phase kommen, legen Sie das Pendel nicht weg. Es handelt sich nur um einen kleinen Abschnitt auf einem langen Weg, und da müssen die meisten von uns einfach durch. Als kleines Trostpflästerchen kann ich Ihnen noch ein Beispiel mit auf den Weg geben, das mich sehr geprägt hat.

In den Kinderheftchen werden oft Labyrinthe abgebildet, bei denen man den Weg ins Zentrum finden muß. Das Lustige daran ist, daß alle Wege von Außen nach Innen führen und man mit dem ersten Schritt dem Zentrum (oder hier dem Können) eigentlich bereits sehr nahe ist. Das ist das Anfängerglück. Aber dann führt der Weg wieder vom Zentrum weg, ist verschlungen und vergabelt sich, bis man schließlich der Mitte wieder etwas näher ist. Und irgendwann, ohne daß man es richtig merkt, ist man angekommen und steht in der Mitte.

Das erste Diagramm

Die einfachste Form eines Diagramms oder auch Pendeltafel genannt ist ein Halbkreis. Er wird in gleich große Sektoren unterteilt, die Sie dann beliebig beschriften können. Sie können selbstverständlich auch einen geschlossenen Kreis in Sektoren unterteilen, das Ablesen ist nur etwas schwieriger.

Bevor Sie mit dem Beschriften beginnen, sollten Sie Ihrem Diagramm einen Titel geben. Später können Sie dann auf bereits bestehende Diagramme zurückgreifen, was das Pendeln enorm vereinfacht. Vermerken Sie unten auf der Seite noch das Datum und entsprechende Literaturhinweise, Sie werden dafür eines Tages dankbar sein.

Diagramme entwerfen ist oft eine Denksportübung, sicherlich sehr sinnvoll und autodidaktisch wertvoll, aber nicht immer das Ziel, wenn eine Antwort auf eine Frage gesucht wird. Der zweite Teil dieses Buches besteht aus 187 fertigen Listen, die Sie nur noch in Ihre Diagramme zu übertragen brauchen. Eine dieser Listen behandelt die Vitamine, die der Mensch im täglichen Leben braucht. Die meisten von uns haben zeitweise Vitaminmangel durch Streß, Überarbeitung, ungesunde Ernährung oder sonstige Einflüsse. Daher möchte ich das erste Diagramm an diesem Beispiel erstellen, damit Sie auf jeden Fall mitmachen können. Zuerst stelle ich Ihnen aber ein leeres Diagramm vor. (Zwei Felder eines jeden Pendeldiagramms sind bereits fest reserviert, eines für die Anzeige »Fehler« und ein zweites für die Anzeige »Anderes«.)

Am Schluß dieses Buches finden Sie leere Diagrammtafeln, die Sie nach Belieben kopieren können. Standardunterteilungen sind bereits eingezeichnet. Ein alphabethisches Verzeichnis des Lexikons erleichert Ihnen die Suche nach den einzel-

16-er Diagramm

Diagramm-Name: ____________________ Datum: ______________

Literatur: ____

nen Gebieten. Die Liste der Vitamine finden Sie auf der Seite 101, sie sieht wie folgt aus:

Ernährung: Vitamine

1. Retinol (A1)
2. Dehydroretinol (A2)
3. Thianin (B1)
4. Riboflavin (B2)
5. Nicotinsäure
6. Biotin (H)
7. Pantothensäure
8. Folsäure (Bc / M)
9. Pyridoxin (B6)
10. Cyanocobalamin (B12)
11. Ascorbinsäure (C)
12. Ergocalciferol (D2)
13. Cholecalciferol (D3)
14. Tocopherol (E)
15. Phyllochinon (K1)
16. Menachinone (K2)
17. ....
18. ....
19. ....

Die Liste umfaßt 16 Vitamine und für persönliche Ergänzungen sind drei Leerzeilen angefügt. In jedem Diagramm sind zwei Felder fest vergeben. Das eine für »Fehler« und das zweite für »Anderes«. Daher benötigen wir jetzt ein Diagramm mit mindestens 18 Feldern. Ist kein Diagramm vorhanden, das genau der Sektorenzahl entspricht, die wir brauchen, nehmen wir das nächst größere Diagramm. In diesem Fall ist die beste Lösung das Diagramm mit 20 Sektoren. Nun können Sie die 16 oben aufgelisteten Vitamine in das Diagramm übertragen. In die Felder, die leer bleiben, können Sie solange entweder »Anderes« oder »Fehler« einfügen, bis das Diagramm vollständig ausgefüllt ist. Die Reihenfolge spielt absolut keine Rolle.

Ein Musterdiagramm ist auf der folgenden Seite fertig ausgefüllt.

20-er Diagramm

Diagramm-Name: Vitamine Datum: Herbst 1994

Literatur: Biologie: Fachbücher

In der Mitte des Diagramms befindet sich der Schnittpunkt der Diagrammsektoren, dies ist die Ausgangsposition für das Pendel. Später können Sie auf den Sektorenschnittpunkt auch Ihre Zeugen legen, beispielsweise Fotos oder Gegenstände, sofern diese das Pendeln nicht stören, indem sie zu hoch oder zu groß sind.

Beschriften Sie das Diagramm jeweils so, daß Sie die einzelnen Sektoren gut ablesen können. Wenn Sie sich mit der Schrift abmühen müssen, konzentrieren Sie sich automatisch wieder auf etwas anderes, und das kann Ihr Pendelresultat beeinflussen.

Es gibt eine Art »klassische Diagrammfrage«, die mehr als nur bewährt ist und die ich Ihnen sehr ans Herz legen möchte. Auf den ersten Blick scheint sie kompliziert, aber beim dritten Diagramm kennen Sie diese Frage bereits auswendig.

Zeige mir, wieviel Prozent ich vom Vitamin X habe, wenn 100 Prozent das Maximum ist.

oder

Zeige mir, wieviel Prozent ich vom Vitamin X benötige, wenn 100 Prozent das Maximum ist.

Vitamin X ist bei der Frage unterstrichen, da dieser Teil bei jeder Frage ausgewechselt wird. Die beiden Attribute *»haben«* und *»benötigen«* sind je nach Charakter der Fragen anwendbar. Nehmen Sie das, was Ihnen besser gefällt. Beginnen Sie nun mit dem Diagramm. Die Pendelspitze liegt über dem dunklen Halbkreis in der Mitte. Die erste Frage lautet: Zeige mir, wieviel Prozent ich vom Vitamin A habe, wenn 100 Prozent das Maximum ist. Das Pendel schlägt nun über dem Sektor von Vitamin A aus, stärker oder schwächer, je nachdem, wie gut Ihr Vitamin-A-Wert ist.

Beginnen Sie bei den Diagrammen immer links und lassen Sie dem Pendel über jedem Sektor genügend Zeit zum Schwingen. Erst wenn das Pendel seinen Ausschlag mehrfach wiederholt in der gleichen Stärke gemacht hat, können Sie zum nächsten Feld im Diagramm wechseln. Warten Sie dann wiederum auf die Wiederholung der Ausschlagsstärke, sprich Kontrolle. Pendeln Sie jetzt bitte Ihre Vitamine aus. Zur Vereinfachung nochmals die Zusammenfassung der Fragen für dieses Diagramm:

Zeige mir, wieviel Prozent ich von Vitamin A habe, wenn 100 Prozent das Maximum ist.

Zeige mir, wieviel Prozent ich von Vitamin Thianin(B1) habe, wenn 100 Prozent das Maximum ist.

Zeige mir, wieviel Prozent ich von Riboflavin (B2) habe, wenn 100 Prozent das Maximum ist.

Zeige mir, wieviel Prozent ich von Niacin habe, wenn 100 Prozent das Maximum ist.

Zeige mir, wieviel Prozent ich von Pyridoxin (B6) habe, wenn 100 Prozent das Maximum ist.

Zeige mir, wieviel Prozent ich von Cyanocobalamin (B12) habe, wenn 100 Prozent das Maximum ist.

Zeige mir, wieviel Prozent ich von Folsäure habe, wenn 100 Prozent das Maximum ist.

Zeige mir, wieviel Prozent ich von Vitamin C habe, wenn 100 Prozent das Maximum ist.

Zeige mir, wieviel Prozent ich von Vitamin D habe, wenn 100 Prozent das Maximum ist.

Zeige mir, wieviel Prozent ich von Vitamin E habe, wenn 100 Prozent das Maximum ist.

Zeige mir, wieviel Prozent ich von Vitamin K habe, wenn 100 Prozent das Maximum ist.

Zeige mir, wieviel Prozent ich von Pantothensäure habe, wenn 100 Prozent das Maximum ist.

Zeige mir, wieviel Prozent ich von Biotin habe, wenn 100 Prozent das Maximum ist.

Schlägt das Pendel auf das Feld »Fehler« aus, sind Sie entweder nicht in der richtigen Stimmung zum Pendeln oder die Antwort ist überflüssig. Eine Antwort ist immer dann überflüssig, wenn man bereits eine richtige Antwort auf eine Frage erhalten hat, die man jedoch nicht akzeptieren will. Versuchen Sie nie, Ihr Pendel zu überlisten, es wird Ihnen nicht gelingen. Sie täuschen nur sich selbst, und dazu brauchen Sie kein Pendel.

Wenn Sie Ihr Diagramm gestalten, haben Sie bestimmte Vorstellungen. Da wir Menschen jedoch immer wieder etwas vergessen, was wichtig sein könnte oder sogar den Ausschlag gibt, ist das Feld »Anderes« sehr wichtig. Schlägt das Pendel auf dieses Feld aus, heißt das nichts anderes, als daß wir das Diagramm erweitern müssen. Es gibt Tage, an denen das Gehirn wie blockiert ist und einfach keine neuen Aspekte einfließen wollen. Legen Sie in diesem Fall das Pendel weg und wenden Sie sich anderen Dingen zu. Je mehr Sie sich auf die Suche versteifen, desto weniger werden Sie die Lösung finden. Irgendwann wird Ihnen ein Geistesblitz die Lösung zeigen oder das Problem ist nicht mehr existent. Wenn Sie jedoch wirklich eine Antwort vom Pendel brauchen, können Sie auch mit anderen Leuten über das Problem sprechen. Die unterschiedlichen Blickwinkel werden die ganze Angelegenheit in ein neues Licht stellen und das Diagramm wird sich schlagartig wandeln. Ein Lexikon mit Suchbegriffen steht Ihnen bereits zur Verfügung. Die drei Leerzeilen am Schluß jeder Liste sind für Ihre eigenen Erweiterungen.

Nun haben Sie sicherlich Ihre Vitamine ausgependelt und vermutlich irgendwo ein kümmerliches Resultat erhalten. Bevor Sie nun aufspringen, um sich die entsprechenden Vitaminträger zu besorgen, muß kontrolliert werden. Die Kontrollen beim Pendeln sind extremer als die auf einem Flugplatz, und so muß es auch sein.

Stellen Sie sich nur vor, Sie haben bei Vitamin A spontan an Tante Trude mit ihren flaschenbodendicken Brillengläsern gedacht. Ein Blitzgedanke, dem Sie nicht ausweichen konnten. Das Resultat beim Pendeln: Enormer Vitamin-A-Mangel beim Pendelausschlag. Aber doch nicht von Ihnen, sondern eben von Tante Trude. Und schon ist ein Fehler passiert. So schnell geht das. Vergessen Sie also nie: Das Pendel reagiert auf Ihre innersten Gedanken, und wenn diese nicht zum Thema gehören, das Sie auspendeln wollen, müssen Sie das Pendel zur Seite legen und sich zuerst »innerlich leer machen«. Sind Sie nicht sicher, ob ein Gedankenblitz Sie getroffen hat, kontrollieren Sie Ihre Resultate. Und das geht folgendermaßen: Stellen Sie die Fragen wie folgt:

»Habe ich Mangel an Vitamin X?«	Antwort JA/NEIN
»Habe ich großen Mangel an Vitamin X?«	Antwort JA/NEIN
»Habe ich nur vorübergehenden Mangel an Vitamin X?«	Antwort JA/NEIN

Mit dieser Methode können Sie alles kontrollieren, oder besser gesagt, Sie müssen alles nochmal mit dieser Methode kontrollieren.

Wenn Ihnen das Pendeln mit Diagrammen Mühe bereitet oder eine riesige Anzahl von Auswahlkriterien zur Verfügung steht, können Sie die Fragen auch von Anfang an als JA / NEIN-Fragen stellen.

»Habe ich Mangel an Vitamin A?« JA / NEIN

»Habe ich mehr als 20% Mangel an
Vitamin A?« JA / NEIN

Anschließend erfolgt die Kontrollfrage:

»Habe ich wirklich Mangel an
Vitamin A?« JA / NEIN

Die JA / NEIN-Frage ist die universelle Möglichkeit, mit dem Pendel eine gute und klare Antwort zu erhalten. Die JA / NEIN-Frage ist einfach und schnell zu erlernen. Das Wichtigste dabei ist jedoch, daß Sie sich innerlich von allen Gedanken befreien und das Pendel die Antwort geben lassen, die es geben will. Wenn Sie sich eine Antwort wünschen, werden Sie sie auch erhalten. Das Pendel ist zu seinem Besitzer immer liebenswürdig. Es sagt, was der Pendler hören und sehen will, unabhängig, ob Sie ein Diagramm vor sich haben oder eine JA / NEIN-Frage stellen. Es wird Ihre Wünsche nie enttäuschen, aber wollten Sie denn nicht Antworten auf Ihre Fragen?

Zurück zur Fragestellung

In der Zwischenzeit haben Sie gelernt, Ja und Nein zu erkennen. Somit können Sie nun jederzeit dem Pendel Fragen stellen und die Antworten interpretieren. Aber trotz allem ist es so einfach auch wieder nicht. Denn auch hier kommt es auf das Detail an.

Vorher haben Sie gelernt, Ihr Bett auszupendeln. Ich unterstelle jetzt, daß irgendeine negative Schwingung dabei war und daß Sie vermuten, die Störung könnte von dem Radiowecker kommen. Sie stellen also Ihrem Pendel folgende Frage: »Stört der Radiowecker?«

Jetzt passiert's: Könnte das Pendel nämlich sprechen, so könnte es Ihnen unter anderem folgende Antworten geben:
1. Nein, er stört überhaupt nicht, er macht ja gar keinen Lärm.
2. Nein, wieso auch, er sieht doch hübsch aus auf dem Nachttischchen.
3. Und ob er stört, schließlich steht er unter dem offenen Fenster und weckt jeden Morgen die halbe Nachbarschaft.
4. Ja, er stört allerdings ein wenig, die Leuchtanzeige ist viel zu hell eingestellt.
5. Nein, grundsätzlich stört er nicht, nur das Kabel liegt etwas ungünstig.
6. Nein, seine Strahlung stört niemanden, denn schließlich sind Sie ja jetzt 10 Meter entfernt im Wohnzimmer.
7. Der Wecker stört das Bett überhaupt nicht, schließlich hat ja jeder seinen Platz im Raum.
8. Es ist ja offensichtlich, daß der Wecker niemanden stört, sonst wäre er schon lange wieder einmal abgestaubt worden.

Dies sind bereits acht verschiedene Antworten auf eine ganz simple Frage. Und genau da liegt auch das Problem. Denn nur wer konkret fragt, erhält auch eine konkrete Antwort.

Die richtige Frage würde also lauten: *Stört mich der Radiowecker beim Schlafen?* Und jetzt könnte Ihnen das Pendel wunderbar mit Ja oder mit Nein antworten.

Das gleiche gilt, wenn Sie zum Beispiel das Wetter von morgen auspendeln möchten. Die richtige Frage lautet:

»Ist morgen um 14 Uhr in München schönes Wetter?«

Das Pendel braucht die Angabe von Ort und Zeit, denn morgen wird es sicherlich irgendwo und irgendwann schön sein. Nur weiß das Pendel ohne Ihre Information nicht, wann und von welchem Ort Sie die Wetterprognose wünschen. (Wetterprognosen sind ideale Trainingsmethoden für geistiges Pendeln. Sie können dabei niemandem schaden und das Resultat ist leicht überprüfbar. Nur sollten Sie nicht kurz vorher in den Nachrichten den Wetterbericht gehört haben.)

Warten und Abgleiten

Im Laufe der Zeit werden Sie feststellen, daß das Pendel immer die gleiche Schwingung zeichnet, wenn es wartet. Es sind ganz unterschiedliche Reaktionen, zum Beispiel Diagonalen, Ellipsen, kleine Kreise oder auch ein Stillstand. Es handelt sich dabei um Ihre persönliche Wartestellung, die sich dann aufhebt, wenn Sie wieder aktiv werden. Stellen Sie anschließend Fragen, kann das Pendel mit ja / nein / vielleicht antworten. Fragen Sie ein Diagramm ab, kann es Ihnen anhand der Stärke des Ausschlages die Intensität markieren.

Das Pendel in der Wartestellung ist wie ein Auto an der Ampel mit laufendem Motor.

Noch etwas anderes, sehr Bedeutsames, kann das Pendel Ihnen mitteilen. Es meldet Ihnen, wenn Sie abgleiten, sich von Gefühlen übersteuern oder treiben lassen. Wenn wir gewaltsam versuchen, uns innerlich »leer zu machen«, auf das Innere, Unterbewußte zu horchen, schaltet sich unser Gehirn ein. Es meldet sich mit Erinnerungen, Gedankensprüngen und beginnt unaufhörlich zu schwatzen. Und das geschieht oft, wenn wir krampfhaft versuchen, erfolgreich zu pendeln. In solchen Momenten fahren wir mit dem Pendel schnurstracks in eine Sackgasse, und das Pendel vollführt eine obskure Schwingung. Es ist Ihr persönliches »Sackgassen-Schild«, das Sie sich gut merken müssen. Es gibt Tage, an denen wir so zerstreut sind, daß wir gar nicht mehr merken, daß wir uns in einer Sackgasse befinden. Kommt diese Meldung von unserem Pendel, so heißt das: umkehren und zurückfahren, oder einfacher gesagt, es ist Zeit für eine Pause, um sich neu zu orientieren.

Das Loslassen

Wenn zwei Menschen ein Seil halten und der erste zu ziehen beginnt, macht der zweite unweigerlich das gleiche. Er zieht dagegen oder wird weggerissen. Wenn jemand gezwungen wird, etwas zu tun, lehnt er sich spontan dagegen auf oder er beginnt sich dem Druck zu beugen, immer mit dem Gedanken, sich irgendwann dagegen wieder aufzulehnen. Wenn wir unserem Gehirn befehlen, sich auszuschalten, beginnt es aktiv zu werden, und alle Kanäle des Unterbewußten werden verschlossen und blockiert.

Wenn wir uns entspannen, meditieren oder uns auf etwas ganz Spezielles konzentrieren, beispielsweise auf das stundenlange Betrachten eines Bildes, beginnen wir zu versinken. Diese weiche Art, ohne Zwang und ohne Druck sich dem zu ergeben, was auf uns zukommt, das ist Loslassen.

Loslassen gibt ein Gefühl von Freiheit, von Größe und von Kraft.

– Freiheit von Zwängen und Forderungen, mit denen wir täglich zu tun haben und die wir uns zum größten Teil selbst auferlegt haben.

– Größe in Form von Selbstvertrauen und Glauben an sich selbst.

– Kraft, ohne auch nur einen einzigen Muskel anzuspannen, denn die innere Kraft, die Lebenskraft, die bei den Chinesen Chi heißt, beginnt zu wachsen und zu strahlen.

Jetzt können Sie pendeln – was nun?

Ja, jetzt ist es eigentlich soweit, theoretisch können Sie pendeln. Aber was nun? Wo können Sie Ihr Pendel einsetzen? Schließlich müssen Sie doch üben können, und das nicht nur mit Karten und Batterien. Denn ohne Erfolgserlebnisse macht das ganze weder Sinn noch Spaß. Hier ist eine ganz kleine Auswahl, wann Sie Ihr Pendel einsetzen können.

Vielleicht haben Sie etwas verlegt und Sie möchten den Gegenstand gerne wieder finden.

Oder Sie möchten wissen, welche Vitamine Sie zur Zeit benötigen.

Oder Ihre Katze ist seit zwei Tagen verschwunden und Sie möchten wissen, wo sie steckt und ob es ihr gut geht.

Oder Sie möchten wissen, wieso Sie am Abend immer einen aufgeblähten Bauch haben.

Oder Sie möchten auspendeln, was an Ihren Augen nicht mehr stimmt, weil Sie nächste Woche zum Augenarzt müssen und Sie das Resultat vergleichen möchten.

Oder ob es gar nicht Ihre Augen sind, die krank sind, sondern Lichteinflüsse, auf die Sie negativ reagieren.

Oder es interessiert Sie, wo im Körper der Punkt ist, der Ihnen Kopfschmerzen verursacht.

Vielleicht möchten Sie auch wissen, welche Milchprodukte Ihnen momentan so richtig guttun würden.

Beschäftigt Sie vielleicht die noch offene Berufs- oder Studienwahl (Ihres Kindes, Ihre eigene)?

Oder möchten Sie ganz einfach wissen, welche Talente in jemandem verborgen sind?

Wissen Sie noch nicht genau, welches ätherische Öl jetzt das richtige wäre.

Oder eine Pflanze verkümmert und Sie wissen nicht, wie Sie ihr helfen können.

Reagieren Sie negativ auf ein Gewürz?

Oder ist es vielleicht gar kein Gewürz, sondern ein Pflanzenfett?

Möchten Sie wissen, ob Ihre Katze nur einen schlechten Tag hat oder ob sie Schmerzen hat und zum Tierarzt sollte?

Oder interessiert es Sie, welches Chakra Sie aufladen sollten?

Möchten Sie wissen, welchem Organ Sie etwas mehr Sorgfalt geben sollten?

Sie kennen alles, was Sie benötigen, um selbst alle Ihre Fragen beantworten zu können. Sie haben ein Pendel, das Wissen über die Fragestellung und die notwendigen Listen. Trotz allem sollten Sie sich nie von Ihrem Pendel abhängig machen. Das Pendel ist ein Teil von Ihnen geworden, aber es ist nicht Sie selbst. Gesunder Menschenverstand und eine kritische Einstellung zu sich selbst, gemischt mit einer guten Portion Humor können nie durch ein Pendel ersetzt werden.

Anwendungsbeispiele

Gehen wir noch einmal zurück in Ihr Schlafzimmer. Sie haben eine Störung entdeckt, als Sie das Pendel locker über Ihr Bett gehalten haben. Und jetzt möchten Sie natürlich wissen, was genau Sie stört. Sie haben jetzt zwei Möglichkeiten: Sie nehmen Ihr Pendel und gehen in Ihr Schlafzimmer. Dann halten Sie Ihr Pendel nochmals locker über das Bett, von oben nach unten. Wenn es wieder an der gleichen Stelle ein Nein / Negativ / Nicht in Ordnung anzeigt, haben Sie einen ersten wichtigen Punkt gefunden. Jetzt halten Sie Ihr Pendel ein wenig mehr nach rechts und beobachten es. Dann das gleiche nach links. Auf die Seite, auf die das Pendel mehr ausschlägt (Negativ) gilt es sich nun zu konzentrieren. Folgen Sie der negativen Strahlung, bis Sie an ein Objekt gelangen. Dabei kann es sich um alles mögliche handeln, auch eine Creme, die Sie Abend für Abend benutzen. So können Sie den Störfaktor ermitteln. Handelt es sich jedoch um eine Wasserader, eine Wasserkreuzung oder um ganz andere Phänomene, so erkennen Sie jetzt zumindest deren unsichtbaren Verlauf. Das nützt Ihnen zwar noch nichts, aber das wird sich gleich ändern.

Jetzt können Sie beginnen, Fragen zu stellen:

»Bist du eine Wasserader?« Antwort Ja/Nein

»Bist du eine Wasserkreuzung?« Antwort Ja/Nein

Für die zweite Möglichkeit das Problem anzugehen, nehmen Sie ein Diagramm zur Hand und tragen Sie all die Dinge, die um Ihr Bett stehen, ein. Anschließend ergänzen Sie die Liste mit den typischen Störungsquellen wie Wasseradern und so weiter. Und dann pendeln Sie Ihr Schlafzimmer mit Hilfe des Diagramms oder den entsprechenden JA / NEIN-Fragen aus.

Hier noch ein kleiner Hinweis für den Fall, daß sich eine Wasserader oder eine Kreuzung direkt unter Ihrem Bett befindet: Nehmen Sie eine genügend große Plastikschüssel und füllen Sie sie mit kaltem Wasser. Stellen Sie das gefüllte Gefäß unter Ihr Bett, genau auf die gestörte Stelle. Wasser fängt die Strahlungen auf und absorbiert sie. Am Morgen müssen Sie jeweils das Wasser ausleeren und am Abend wieder frisch auffüllen und unter das Bett stellen. Es hilft tatsächlich, ich spreche aus Erfahrung. Als Kontrolle können Sie es mit dem Pendel überprüfen.

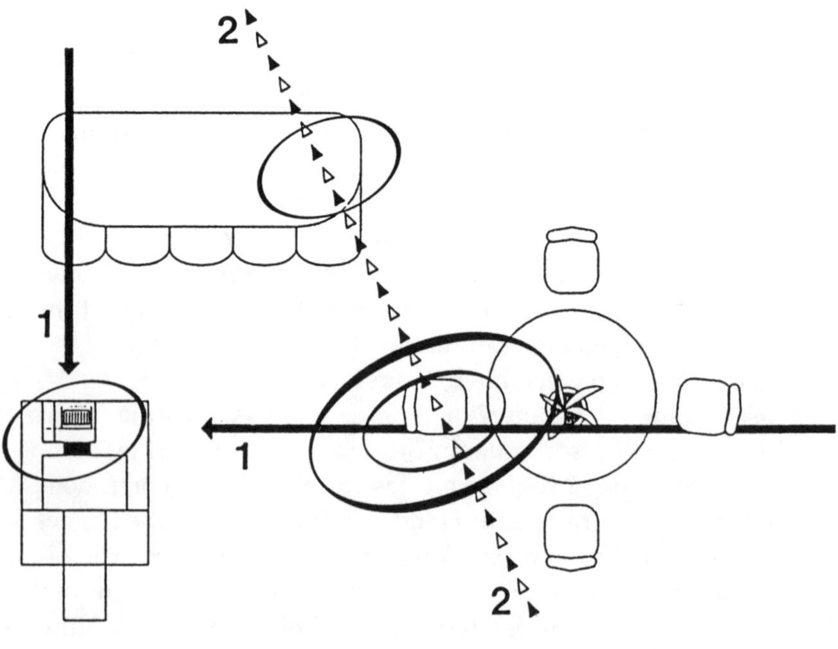

Pflege und Aufbewahrung

Freundschaften müssen gepflegt werden, wenn sie über lange Zeit dauern sollen. Das gleiche gilt für den Umgang mit dem Pendel. Das Pendel ist ein ganz spezielles Werkzeug. Und das jetzige ist vermutlich auch das erste in einer wachsenden Sammlung.

Da Sie Ihr Pendel zu einem Teil Ihrer Selbst gemacht haben, behandeln Sie es auch so. Natürlich müssen Sie es nicht füttern – es genügt, es von Zeit zu Zeit herauszunehmen und zu benützen, zu reinigen oder aufzuladen. So können Sie in einem Stück Metall oder Stein ganz erstaunliche Kräfte wecken. Auch wenn dies etwas befremdend für Ihre Ohren klingen mag, versuchen Sie es, Sie werden erstaunt sein. Nicht nur Pflanzen und Tiere reagieren auf menschliche Gedanken und Schwingungen, sondern auch Metalle und Steine.

Metalle reinigen Sie am einfachsten mit Ihren Fingern, indem Sie ein paarmal fest darüber fahren und den Schmutz abziehen. Sie können auch ein einfaches Küchentuch benützen und das Pendel damit abreiben.

Mineralien werden normalerweise unter fließendem kalten Wasser gereinigt und kurz an die Sonne gelegt. Da die meisten Mineralienpendel an einer Silberaufhängung fixiert sind (teilweise nur mit Leim), ist beim Reinigen Vorsicht geboten. Legen Sie das Pendel sicherheitshalber nur kurz an die Sonne, oder reiben Sie es mit einem Tuch ab.

Farbtüpfchen – Geschichten aus der Praxis

Als der Senior den Frühling spürte

Der Kater meiner Eltern ist jetzt zwölf Jahre alt. Eigentlich sollte er weise sein, aber es wurde Frühling und er vergaß alles. An einem Sonntag ging er (wie so oft) auf einen Spaziergang, der allerdings am Donnerstagvormittag noch immer nicht beendet war. Meine Eltern waren verzweifelt, und in ihrer Not hatten sie Suchmeldungen in Presse und Regionalradios aufgegeben. Am Mittag dieses besagten Donnerstags ließen mich die Gedanken an den Kater nicht mehr los, und ich holte das Pendel und Fotos des Ausreißers aus dem Schrank. Das erste, was es zu tun galt, war nicht sonderlich angenehm. Ich mußte überprüfen, ob der Kater noch lebte. So ließ ich das Pendel über seinem Foto hängen und es drehte sich bald im Rechtskreis. Sein Bruder war vor vielen Jahren gestorben, deshalb nahm ich das Bild des toten Katers, und das Pendel begann, sich im Linkskreis zu drehen. Zwar hatte ich gelernt, daß das Pendel bei Verstorbenen still steht, bei mir war der Ausschlag jedoch anders. Nach eingehender Prüfung war für mich klar, daß der Kater noch lebte und daß sich das Pendel bei mir eben dreht, aber im Gegenuhrzeigersinn, wenn jemand nicht mehr am Leben ist. Ich hatte wieder etwas dazugelernt. Aber ich wußte trotzdem noch nicht, wo der Ausreißer steckte. Daher nahm ich einen Stadtplan und begann systematisch, Feld für Feld auszupendeln. (Hier möchte ich noch anfügen, daß es ganz wichtig ist, entweder einen Finger der freien Hand auf das Foto der gesuchten Person oder des Tieres zu legen oder das Bild und nicht bloß die Karte anzusehen. Das Foto wird zum Verbindungsstück, zum Zeugen.) Ich fragte das Pendel:

»Ist die Katze namens Bijou in diesem Feld?« Als ich bei dem Feld angelangt war, wo der Wohnort meiner Eltern ist, schlug das Pendel enorm stark mit Ja aus, und als ich zur Kontrolle fragte, ob er in der Straße meiner Eltern anzutreffen sei, war die Antwort ein Ja. Doch ich glaubte dem Pendel nicht. Schließlich hatte man mir noch vor zwei Stunden mitgeteilt, daß der Kater noch immer nicht nach Hause zurückgekehrt sei. Ich hielt das Pendel noch etwas weiter unten auf die Karte, und es schlug noch immer, wenn auch nicht ganz so heftig aus. Mit Fragen engte ich das Gebiet weiter ein: Links der Straße X? Über der Straße X? Danach fuhr ich mit dem Auto zwei Parallelsträßchen entfernt vom Haus meiner Eltern. Ich parkte den Wagen und begann nach dem Kater zu rufen. Es war Mittagszeit, im Viertel war es überall ruhig und still. Doch wer kam, waren mindestens sechs andere, neugierige Katzen und einige hilfsbereite Anwohner. Nach einer halben Stunde vergeblichen Suchens brach ich das Experiment ab. Weil ich schon so nah bei meinen Eltern war, wollte ich ihnen wenigstens mitteilen, daß ich versucht hatte, den Aufenthaltsort des Katers auszupendeln, und daß gemäß meinen Angaben der Kater ganz in der Nähe sei und noch lebte. So fuhr ich die zwei Straßen hoch – nicht gerade in euphorischer Stimmung – und erlebte eine schöne Überraschung. Der Kater war zu der Zeit, in der ich gependelt hatte, für eine Verpflegungspause zu meinen Eltern nach Hause gekommen. Hätte ich dem Pendel geglaubt, wäre wohl ein Anruf bei meinen Eltern lohnender gewesen, als eine halbe Stunde nach dem Kater zu rufen. Alles in allem hatte ich 1 1/2 Stunden investiert, um meinem Pendel zu widersprechen. Aber ich habe meine Lehre daraus gezogen, denn das Pendel kennt die Antwort, auch wenn sie uns manchmal unwahrscheinlich vorkommt.

Migräne

Mein Pendellehrer hatte einmal Besuch von einer Frau, die schrecklich unter Migräne litt. Jahrelang war sie von Arzt zu Arzt gegangen, hatte verschiedene Medikamente geschluckt und Therapiemethoden ausprobiert, und weil sie schon so viele Fehlschläge erlitten hatte, spielte es auch keine Rolle mehr, mit diesem Anliegen noch zu einem Pendler zu gehen. Irgendwie erwartete sie keine Hilfe mehr, aber ganz die Hoffnung aufgeben wollte sie auch nicht. Nach kurzer Zeit war klar, daß es sich nicht um ein geistiges oder seelisches Problem handelte, sondern um ein rein körperliches. Der Problemherd befand sich im Kopf. Bei weiterem Suchen wurde der Kreis eingeengt. Es war der Mund. Anhand eines Schemas, wie es jeder Zahnarzt benützt, strich der Pendler einen Zahn an und schickte die Frau zu ihrem Zahnarzt. Weder die Frau noch der Zahnarzt war sehr glücklich über die von einem Pendler verordnete Sitzung, aber sie fand trotzdem statt. Der Rest ist mit kurzen Worten erklärt: Unter der Amalgamfüllung, die sich in diesem Zahn befand, hatte sich eine Fäulnis gebildet, die irgendwie über den Zahnnerv Impulse gesendet hat. Die Migräneanfälle verschwanden, und die Frau geht heute, wenn sie Probleme hat, gern und mit gutem Gefühl zu einem Pendler. Zu diesem Beispiel möchte ich noch anmerken, daß der Pendler grundsätzlich nicht den Arzt ersetzt. Der Pendler kann wohl helfen, einen Ursachenherd zu finden oder auch Energien wieder aufzuladen, aber er wird Sie nicht operieren. Wie bei allem, was wir tun, ist die richtige Mischung und eine vernünftige Grundeinstellung das Sinnvollste.

Der Orangensaft

Früher habe ich regelmäßig Orangensaft getrunken und ich fühlte mich sehr wohl dabei. Dann kam eine Zeit, in der ich jeden Abend einen steinharten Bauch hatte, aber es handelte sich dabei nicht um Muskelverspannungen. Da der Mensch lieber auf das verzichtet, was er problemlos entbehren kann, als auf das, was ihm lieb ist, suchte ich die Erklärung im Beruf und die Lösung hieß: Streß. Meine innere Stimme sagte mir, daß ich falsch liege, aber es wäre ja so schön gewesen. So erstellte ich ein Diagramm mit folgenden Sektoren: Streß / Essen / Trinken / Schlafen / Krankheit / körperliche Aktivitäten / Anderes / Fehler. Und das Pendel schlug bei den Getränken aus. So kam das zweite Diagramm zum Zug: Kaffee / Tee / Mineralwasser / Orangensaft / gesüßtes Wasser / Anderes / Fehler.

Wie wild schlug das Pendel über dem Orangensaft aus, als wolle es gleich ein Glas davon umschütten.

Nicht ganz glücklich über das Ergebnis fügte ich mich trotzdem meinem Schicksal, und nach nicht ganz drei Tagen hatte sich mein Bauch wieder ziemlich erholt. Heute trinke ich keinen Orangensaft mehr, nur noch von Zeit zu Zeit gibt's ein Glas davon, und das genieße ich dann richtig.

Der liebe Rosenquarz

Immer wieder begegne ich dem gleichen Phänomen, daß Leute in ihrem Schlafzimmer Rosenquarze aufstellen, aber nicht immer mit großem Erfolg.

Der Rosenquarz ist der beste mir bekannte »Strahlenfresser«. Es ist, als ob die Natur gewußt hätte, daß wir irgendwann in ein Computer-Zeitalter gelangen würden. Rosenquarze werden mit Vorliebe neben Computerbildschirmen, TV-Geräten, Lautsprecherboxen und Radioweckern aufgestellt. Der Rosenquarz ist ein Nimmersatt. Er braucht ständig irgendwelche Strahlungen, die er aufsaugen kann, um im Laufe der Zeit heller zu werden und damit eine Art Muster in den Stein »gezaubert« wird. Wenn Sie einen solchen Stein bei sich aufgenommen haben, müssen Sie ihm auch die Nahrung geben, die er braucht: Strahlungen und Störungen. Befindet sich in Ihrem Schlafzimmer ein Radiowecker, freut sich der Rosenquarz, wenn Sie ihn darauf plazieren. Aber wenn Sie ein Schlafzimmer haben, das eigentlich störungsfrei ist, brauchen Sie keinen Strahlenfresser. Der nimmersatte Rosenquarz bedient sich nun während Sie schlafen an Ihrer eigenen Energie. Am Morgen fühlen Sie sich ausgelaugt und müde, als hätten Sie die ganze Nacht Schwerstarbeit geleistet. Ein Rosenquarz sollte immer mindestens 80 Zentimeter vom Scheitel des Menschen entfernt plaziert oder direkt auf die Störquelle »gesetzt werden«.

Wenn Sie einen Quarz (oder was auch immer) irgendwo in Ihrer Wohnung haben, der absorbiert, also Strahlungen aufnimmt, vergessen Sie nicht, den Stein von Zeit zu Zeit unter fließendem, kalten Wasser zu reinigen und an der Sonne zu trocknen, damit er sich wieder neu aufladen kann. Der Stein gleicht sonst im Laufe der Zeit einem Mülleimer, der randvoll ist und »zu stinken« beginnt. Dieser Gestank, den wir bei den Mineralien zwar nicht riechen, aber trotzdem aufnehmen, ist für einen ausgewogenen Schlaf nicht besonders förderlich.

Pendeln ohne Pendel

Bei einer Autofahrt hat mir mein Pendellehrer erzählt, daß er manchmal auch ohne jegliches Pendel pendle. Diese Aussage hat mich fasziniert und ich habe sie über all die Jahre nie vergessen. Und irgendwann kam der Tag, an dem ich verstand, was er damit gemeint hatte.

Je mehr Sie pendeln, desto mehr gewöhnen Sie sich an das Bild, daß an Ihrer Hand ein Pendel hängt. Mit der Zeit besteht Ihre Hand nicht mehr nur aus fünf Fingern, sondern noch aus einem zusätzlichen Teil, dem Pendel. Ihre Hand hat eine neue Gestalt angenommen. Wenn Sie Ihre Hand ansehen, ohne ein Pendel dabei zu haben, sich aber Ihr Pendel vorstellen, können Sie es auch sehen. Sie sehen vor Ihrem geistigen Auge, wie es schwingt, wie es kreist und wie Sie es wieder einpacken. Aber Sie können es auch benützen. Noch bevor Sie das Diagramm zu Ende geschrieben haben, kennen Sie die Antwort. Sie können die Antwort sehen. Es kann sein, daß das Pendeln die Intuition fördert, es kann sich aber auch um etwas anderes, was ich nicht erklären kann, handeln. Aber eines ist sicher: Je länger Sie pendeln, desto mehr werden Kräfte geschult, die mit Intuition, Telepathie und anderen Fähigkeiten in dieser Richtung zusammenhängen. Sie können Kräfte erwecken, von denen Sie nicht einmal zu träumen gewagt haben.

Das Zen des Pendelns

Es gibt Momente, in denen man das Gefühl hat, daß man sich auflöst und mit der Umwelt, dem Raum und der Zeit verschmilzt. Man ist nicht mehr eine Person, sondern ein kleiner Teil eines großen Ganzen. Ein Gefühl der Leichtigkeit und der inneren Weite steigt auf und man fühlt sich frei und breitet sich aus. Man wird offen und transparent, aber alles um einen herum ebenso. Es ist ein Gefühl, als ob man durch Dinge gehen könnte und alles Feste nachgeben würde. Wasser wird härter als Stein. Und in dieser Leere, die gleichzeitig eine Fülle von allem und nichts ist, sind die weißen Löcher. Die Ruhe, die Kraft, das Wissen, was richtig und was falsch ist. Der Nebel des Alltags verschwindet und der Blick in das Sein wird klar und deutlich. Als Erkenntnis und selbstverständliche Akzeptanz. Es sind die Momente, in denen das Pendel überflüssig wird – oder nicht. Gleichzeitig sind es auch die besten Momente zum Pendeln. Aber ohne Pendel.

Was ist das Pendel überhaupt? Es ist nur ein Mittel zum Zweck. Es macht nur die Wahrheit sichtbar. Wie der Drucker bei einem Computer. Aber wie viele Dokumente sind denn eigentlich in diesem Computer gespeichert? Wir haben nur eines gesehen. Oder etwa nicht? Wo sind die anderen Dokumente, und was haben sie uns zu sagen?

Jetzt stehen wir also wieder am Anfang, und der erste Kreis hat sich damit geschlossen.

TEIL 2:

Das Diagramm-Lexikon

mit 187 Bereichen

Aggregatzustände

1. fest
2. flüssig
3. gasförmig
4. ....
5. ....
6. ....

Allergie: Gruppen

1. Arzneimittel-Allergie
2. Inhalations-Allergie
3. Insektengift-Allergie
4. Kontakt-Allergie
5. Mikrobielle Allergie
6. Nahrungsmittel-Allergie
7. Parasitäre Allergie
8. Chem. Verbindungen
9. ....
10. ....
11. ....

Allergie: Verursacher

1. Bakterien
2. Barbiturate
3. Baumwollstaub
4. Bienen
5. Chinone
6. Chromverbindungen
7. Darmwürmer
8. Delikatessen aller Art
9. Erdbeeren
10. Fische
11. Futtermittelstaub
12. Getreidestaub
13. Gewürze
14. Haarfärbemittel
15. Hausstaub
16. Hausstaubmilben
17. Hühnerei
18. Kaliumdichromat
19. Kobaltsulfat
20. Kosmetika
21. Meerestiere
22. Mehlstaub
23. Milch
24. Nickelsulfat
25. Nüsse
26. Pelze
27. Penicilin
28. Pflanzen
29. Phenole
30. Pilzsporen
31. Pollen
32. Serum (artfremd)
33. Sulfonamide
34. Teer
35. Teerprodukte
36. Viren
37. Wespen
38. Wolle
39. ....
40. ....
41. ....

Ätherische Öle

1. Aloe Vera
2. Anis
3. Basilikum
4. Benzoe
5. Bergamotte
6. Estragon
7. Eukalyptus
8. Fenchel
9. Geranium
10. Jojoba
11. Kajeput
12. Kamille
13. Kampfer
14. Kiefer
15. Knoblauch
16. Koriander
17. Lavendel
18. Majoran
19. Muskatnuß
20. Myrte
21. Nelke
22. Pfefferminze
23. Poleiminze
24. Rose
25. Rosmarin
26. Salbei
27. Thymian
28. Wachholder
29. Ylang-Ylang
30. Ysop
31. Zitrone
32. Zypresse
33. ....
34. ....
35. ....

Atmosphäre

1. Troposphäre
2. Tropopause
3. Stratosphäre
4. Stratopause
5. Mesosphäre
6. Mesopause
7. Thermosphäre
8. Exosphäre
9. ....
10. ....
11. ....

Atmosphäre: Zusammensetzung

1. Stickstoff
2. Sauerstoff
3. Argon
4. Kohlendioxid
5. Wasserdampf
6. Ozon
7. ....
8. ....
9. ....

Bachblüten

1. Agrimony

2. Aspen
3. Beech
4. Centaury
5. Cerato
6. Cherry Plum
7. Chestnut Bud
8. Chicory
9. Clematis
10. Crab Apple
11. Elm
12. Gentian
13. Gorse
14. Heather
15. Holly
16. Honeysuckle
17. Hornbeam
18. Impatiens
19. Larch
20. Mimulus
21. Mustard
22. Oak
23. Olive
24. Pine
25. Red Chestnut
26. Rock Rose
27. Rock Water
28. Scleranthus
29. Star of Bethlehem
30. Sweet Chestnut
31. Vervain
32. Vine
33. Walnut
34. Water Violet
35. White Chestnut
36. Wild Oat
37. Wild Rose
38. Willow
39. ....
40. ....
41. ....

Bakterien

1. aerobe Sporenbildner
2. Aktinomycetes
3. anaerobe Sporenbildner
4. anaerobe Kokken
5. Bacteroide
6. Entero-Bakterien
7. gleitende Bakterien
8. gramnegative aerobe Stäbchen und Kokken
9. grampositive Kokken
10. knospende u. gestielte Bakterien
11. methanogene Bakterien
12. Milchsäure-Bakterien
13. Mykoplasmen
14. Neisseria
15. Nitrifikanten
16. phototrophe Bakterien
17. Rikettsien
18. Scheiden-Bakterien
19. Spirillen
20. Spirochäten

21. ....
22. ....
23. ....

Baustoffe: bedenkenlos

1. Steinsorten (alle)
2. Gips
3. Resorzinharze verleimt
4. gipsgebundene Platten
5. zementgebundene Platten
6. Kork
7. Linoleum
8. Bitumen
9. Kautschuk
10. unarmierter Beton
11. Normal-Glas
12. ....
13. ....
14. ....

Baustoffe: giftig

1. Phenolharz verleimt
2. alle künstlichen Farben
3. alle Lacke
4. Sagex
5. ....
6. ....
7. ....

Baustoffe: tote Materialien

1. Steinwolle
2. Glaswolle
3. Klinker
4. alle engobierten Tonprodukte
5. Schaumglas
6. zementgebundene Hartfaserplatten
7. ....
8. ....
9. ....

Baustoffe: lebendige Materialien

1. Kalk
2. Holz
3. Ton
4. Kristall-Glas
5. Stroh
6. Lehm
7. Weide
8. Tapete
9. Jute
10. Seide
11. Leime
12. ....
13. ....
14. ....

Baustoffe:
statische Aufladung

1. alle kunststoffhaltigen Produkte
2. alle Gummiprodukte
3. alle Elektroleitungen
4. alle Wasserleitungen
5. armierter Beton
6. ....
7. ....
8. ....

Bekleidungsstoffe

1. Baumwolle
2. Leinen
3. Seide
4. Samt
5. Brokat
6. Damast
7. Satin
8. Jersey
9. Taft
10. Polyamid
11. Polyester
12. Acetat
13. Viscose
14. Nylon
15. Dralon
16. Orlon
17. Terylene
18. Trevira
19. Wolle
20. Zellwolle
21. Kashmir
22. Mohair
23. Angora
24. Leder
25. Wildleder
26. ....
27. ....
28. ....

Berufe: Gruppen

1. kaufmännische Berufe
2. Büro und Verwaltung
3. Marketing / Werbung / PR
4. Verkauf
5. Außendienst
6. journalistische Berufe
7. Informatik
8. technische Berufe
9. industrielle Berufe
10. Sicherheitsberufe
11. handwerkliche Berufe
12. Gastgewerbe
13. Pflege- und medizinische Berufe
14. soziale Berufe
15. pädagogische Berufe
16. musische Berufe
17. Sportberufe
18. künstlerische Berufe
19. ....

20. ....
21. ....

Berufe: allgemein

1. Apotheker
2. Arztgehilfin
3. Bäcker
4. Bankangestellter
5. Bauführer
6. Bauzeichner
7. Berufssportler
8. Bibliothekar
9. Bijoutier
10. Briefträger
11. Buchhalter
12. Büroangestellter
13. Chauffeur
14. Coiffeur
15. Computer-Programmierer
16. Computer-Techniker
17. Computer-Spezialist
18. Datatypist
19. Dekorateur
20. Designer
21. Detektiv
22. Devisenhändler
23. Diplomat
24. Drogist
25. Elektriker
26. Florist
27. Förster
28. Fotograf
29. Gärtner
30. Glaser
31. Grafiker
32. Graveur
33. Hosteß
34. Handelsreisender
35. Journalist
36. Kameramann
37. Käser
38. Kassier
39. Kaufm. Angestellter
40. Kellner
41. Kindergärtnerin
42. Kinderschwester
43. Koch
44. Konditor
45. Konstrukteur
46. Kosmetiker
47. Krankenschwester
48. Krankenpfleger
49. Kürschner
50. Laborant
51. Landwirt
52. Lokomotivführer
53. Lotse
54. Makler
55. Maler
56. Mannequin
57. Matrose
58. Maurer
59. Metzger

60. Monteur
61. Musiker
62. Optiker
63. Orthopäde
64. Pediküre
65. Physiotherapeut
66. Pilot
67. Polizist
68. Radio-TV-Techniker
69. Reiseleiter
70. Sanitär
71. Schauspieler
72. Schmied
73. Schreiner
74. Schriftsteller
75. Sekretär
76. Sozialarbeiter
77. Spengler
78. Stewart
79. Techniker
80. Treuhändler
81. Uhrmacher
82. Verkäufer
83. Werbefachmann
84. Wirt
85. Zahntechniker
86. Zeichner
87. Zimmermann
88. Zollbeamter
89. Zugführer
90. ....
91. ....
92. ....

Berufe: akademische

1. Anthropologie
2. Archäologie
3. Architektur
4. Astronomie
5. Biochemie
6. Biologie
7. Botanik
8. Chemie
9. Erdwissenschaften
10. Forstwirtschaft
11. Geographie
12. Geologie
13. Geophysik
14. Informatik
15. Kristallographie
16. Landwirtschaft
17. Mathematik
18. Medizin
19. Militärwissenschaft
20. Mineralogie
21. Naturwissenschaften
22. Paläontologie
23. Pharmazie
24. Philosophie
25. Physik
26. Recht
27. Sport
28. Technik
29. Theologie

30. Wirtschaftswissenschaft
31. Veterinärmedizin
32. Zahnmedizin
33. ....
34. ....
35. ....

Berufe: Ausbildungsstand
1. angelernt
2. abgeschlossene Berufsausbildung
3. Mittelschule
4. Studium
5. Berufliche Weiterbildung
6. ....
7. ....
8. ....

Berufe: Position
1. Handlanger
2. Hilfsarbeiter
3. Arbeiter / Mitarbeiter
4. untere Ebene
5. mittlere Ebene
6. Vorarbeiter
7. obere Ebene
8. Management
9. Inhaber / Verwaltungsrat
10. ....
11. ....
12. ....

Chakras: allgemein
1. Scheitel-Chakra
2. Stirn-Chakra
3. Kehlkopf-Chakra
4. Herz-Chakra
5. Solarplexus-Chakra
6. Sakral-Chakra
7. Wurzel-Chakra
8. ....
9. ....
10. ....

Chakras: Drüsen
1. Zirbeldrüse
2. Hypophyse
3. Schilddrüse
4. Thymusdrüse
5. Bauchspeicheldrüse
6. Keimdrüsen
7. Nebennieren
8. ....
9. ....
10. ....

Chakras: Farben
1. Violett / Weiß
2. Indigo
3. Blau
4. Grün

5. Gelb
6. Orange
7. Rot
8. ....
9. ....
10. ....

Chakras: Planeten

1. Saturn
2. Jupiter
3. Mars
4. Sonne
5. Venus
6. Merkur
7. Mond
8. ....
9. ....
10. ....

Nebenchakras

1. Intuitionschakra
2. Nackenchakra
3. Leberchakra
4. Steißbeinchakra
5. Kniechakra
6. Handchakras
7. Fußchakras
8. ....
9. ....
10. ....

Charakter: Eigenschaften positiv

1. aufrichtig
2. ausgeglichen
3. dankbar
4. familiär
5. freundlich
6. geduldig
7. gewissenhaft
8. großzügig
9. gütig
10. herzlich
11. hilfsbereit
12. höflich
13. humorvoll
14. kollegial
15. loyal
16. mutig
17. nett
18. sanftmütig
19. sorgfältig
20. treu
21. umsichtig
22. verschwiegen
23. verständnisvoll
24. würdig
25. zuvorkommend
26. ....
27. ....
28. ....

Charakter: Eigenschaften negativ

1. angeberisch
2. bösartig
3. brutal
4. egoistisch
5. eifersüchtig
6. feig
7. geizig
8. grausam
9. herrschsüchtig
10. heuchlerisch
11. intolerant
12. inkonsequent
13. neidisch
14. oberflächlich
15. rachsüchtig
16. störrisch
17. treulos
18. überheblich
19. unanständig
20. undankbar
21. verlogen
22. zaghaft
23. begierig
24. ....
25. ....

Charakter: Eigenschaften Sowohl gut als auch schlecht

1. anständig
2. ausdauernd
3. bescheiden
4. demütig
5. ehrenhaft
6. einfach
7. eitel
8. kleinlich
9. naiv
10. nachgiebig
11. leichtsinnig
12. mißtrauisch
13. pingelig
14. respektvoll
15. schwärmerisch
16. selbstlos
17. stolz
18. stur
19. ....
20. ....

Computer: Einsatzgebiete

1. Buchhaltung
2. Textverarbeitung
3. Fakturierung
4. Personalwesen
5. Kostenrechnung
6. Adressenverwaltung
7. Lagerbewirtschaftung
8. Administration
9. Verkauf
10. technische Applikationen

11. Bürokommunikationen
12. Produktionsplanung
13. ....
14. ....
15. ....

Computer: negative Auswirkungen

1. Nacken- / Rückenschmerzen
2. Gelenk (Finger)-Beschwerden
3. Augenbeschwerden
4. Strahlungsbelastung
5. Müdigkeit
6. Erschöpfung
7. Gereiztheit
8. Konzentrationsschwierigkeiten
9. Nervosität
10. Kopfschmerzen
11. Soziale Isolation
12. Arbeitsdruck
13. Zeitdruck
14. Abhängigkeit vom System
15. Angst vor Überwachung
16. Angst vor Bedienungsfehlern
17. monotone Anforderungen
18. keine Identifikation mit Tätigkeit
19. Sinn der Tätigkeit
20. gesellschaftliche Bewertung der Arbeit
21. einförmige Tätigkeit
22. konstante Unterforderung
23. keine berufliche Zukunft
24. Mensch/Maschine-Verhältnis
25. ....
26. ....
27. ....

Computer: Ansatzpunkte

1. ergonomische Stühle
2. höhenverstellbarer Bildschirm
3. flimmerfreier Bildschirm
4. besserer Bildschirmkontrast
5. keine Lichtreflexion
6. angenehme Raumtemperatur
7. tiefer Lärmpegel
8. große Beinfreiheit
9. regelmäßige Pausen
10. kürzere Arbeitsintervalle

11. mehr Abwechslung
12. Rosenquarz
13. ....
14. ....
15. ....

Ebenen (die 7)

1. physische Welt
2. Ätherwelt
3. Astralebene
4. Mentalebene
5. Kausalebene
6. Geistige Welt
7. Höheres Selbst
8. ....
9. ....
10. ....

Einflüsse: physikalisch

1. elektrisches Feld
2. elektromagnetisches Feld
3. elektromagnetische Wellen
4. Magnetfeld
5. Magnetismus
6. Schallwellen
7. Temperatur u. Wärme
8. ....
9. ....
10. ....

Elementargeister

1. Salamander (Feuer)
2. Sylphen (Luft)
3. Undinen (Wasser)
4. Gnomen (Erde)
5. ....
6. ....
7. ....

Elemente

1. Feuer
2. Wasser
3. Luft
4. Erde
5. ....
6. ....
7. ....

Elemente (chinesisch)

1. Feuer
2. Erde
3. Metall
4. Wasser
5. Holz
6. ....
7. ....
8. ....

Energiequellen

1. Muskelkraft
2. Erdöl
3. Erdgas

4. Leuchtgas
5. Steinkohle
6. Anthrazitkohle
7. Torf
8. Holz
9. Atomenergie
10. Wasserenergie
11. Windenergie
12. Sonnenenergie
13. Alternativenergie
14. ....
15. ....
16. ....

Energieschwächen

1. Krankheiten
2. Streß
3. Innere Einstellung
4. Nahrung
5. Umfeld (Personen)
6. Umfeld (örtlich)
7. Emotionen
8. ....
9. ....
10. ....

Engel: Klassen

1. Engel
2. Erzengel
3. Kräfte
4. Mächte
5. Herrschaften
6. Fürstentümer
7. Throne
8. Seraphim
9. Cherubim
10. ....
11. ....
12. ....

Engel: Erzengel

1. Uriel
2. Raphael
3. Michael
4. Gabriel
5. Ragiel
6. Zerachiel
7. Remiel
8. ....
9. ....
10. ....

Ernährung: Aminosäuren

1. Alanin
2. Arginin
3. Asparagin
4. Asparaginsäure
5. Cystein
6. Glutamin
7. Glutaminsäure
8. Glycin
9. Histidin
10. Isoleucin
11. Leucin

12. Lysin
13. Methionin
14. Phenylalanin
15. Prolin
16. Serin
17. Threonin
18. Tryptophan
19. Tyrosin
20. Valin
21. ....
22. ....
23. ....

Ernährung: Fettsäuren

1. Arachinsäure
2. Buttersäure
3. Caprinsäure
4. Capronsäure
5. Caprylsäure
6. Laurinsäure
7. Margarinsäure
8. Myristinsäure
9. Önanthsäure
10. Palmitinsäure
11. Pelargonsäure
12. Stearinsäure
13. Valeriansäure
14. Arachidonsäure
15. Eläostearinsäure
16. Linolensäure
17. Linolsäure
18. Ölsäure
19. ....
20. ....
21. ....

Ernährung: Fleisch / Fisch / Geflügel

1. Kalb
2. Rind
3. Schwein
4. Wildschwein
5. Pferd
6. Schaf
7. Ziege
8. Lamm
9. Strauß
10. Truthahn
11. Ente
12. Huhn
13. Gans
14. Fasan
15. Rebhuhn
16. Wachteln
17. Hirsch
18. Reh
19. Hase
20. Kaninchen
21. Süßwasserfisch
22. Salzwasserfisch
23. ....
24. ....
25. ....

Ernährung: Früchte / Beeren

1. Äpfel
2. Ananas
3. Aprikosen
4. Avocado
5. Banane
6. Birne
7. Brombeere
8. Datteln
9. Erdbeere
10. Feige
11. Grapefruit
12. Heidelbeere
13. Himbeere
14. Johannisbeere rot
15. Johannisbeere schwarz
16. Kakifrucht
17. Kirschen rot
18. Kirschen schwarz
19. Lychees
20. Mandarinen
21. Mango
22. Melone (Wasser)
23. Melone (Honig)
24. Mirabellen
25. Nektarinen
26. Orangen
27. Papaya
28. Pfirsich
29. Pflaumen
30. Preiselbeeren
31. Quitten
32. Rhabarber
33. Rosinen
34. Stachelbeeren
35. Trauben rot
36. Trauben weiß
37. Zitronen
38. Zwetschgen
39. ....
40. ....
41. ....

Ernährung: Gemüse

1. Artischocken
2. Auberginen
3. Blumenkohl
4. Bohnen weiß
5. Broccoli
6. Chinakohl
7. Endivien
8. Erbsen grün
9. Fenchel
10. Grünkohl
11. Gurken
12. Karotten
13. Kartoffeln
14. Kohlrabi
15. Kopfsalat
16. Krautstiel
17. Lauch
18. Linsen
19. Peperoni

20. Radieschen
21. Rettich
22. Rosenkohl
23. Rote Rüben (Randen)
24. Rotkohl
25. Sauerkraut
26. Schwarzwurzeln
27. Sellerie
28. Sojabohnen
29. Spargel
30. Spinat
31. Stangenbohnen
32. Tomaten
33. Weißkohl
34. Wirsing
35. Zucchini
36. Zwiebeln
37. ....
38. ....
39. ....

Ernährung: Getränke

1. Tee
2. Kaffee
3. Milch
4. Leitungswasser
5. Mineralwasser ohne Kohlensäure
6. Mineralwasser mit Kohlensäure
7. Limonaden
8. Traubensaft rot
9. Traubensaft weiß
10. Fruchtsäfte
11. Gemüsesäfte
12. Weißwein
13. Rotwein
14. Bier
15. Hochprozentiges
16. Aperitivgetränke ohne Alkohol
17. Aperitivgetränke mit Alkohol
18. Sekt
19. ....
20. ....
21. ....

Ernährung: Getreide

1. Weizen
2. Buchweizen
3. Dinkel
4. Gerste
5. Hafer
6. Mais
7. Reis
8. Roggen
9. Hirse
10. ....
11. ....
12. ....

Ernährung: Getreideinhaltsstoffe

1. Wasser
2. Eiweiß
3. Fett
4. Kohlenhydrate
5. Ballaststoffe
6. Mineralstoffe
7. Vitamin E
8. Vitamin B1
9. Vitamin B2
10. Nicotinamid
11. Vitamin B6
12. ....
13. ....
14. ....

Ernährung: Gewürze u. Gewürzpflanzen

1. Anis
2. Basilikum
3. Bohnenkraut
4. Borretsch
5. Cayennepfeffer
6. Chilipulver
7. Curry
8. Dill
9. Estragon
10. Gartenkresse
11. Gewürznelken
12. Ingwer
13. Kardamon
14. Kerbel
15. Knoblauch
16. Koriander
17. Kümmel
18. Liebstöckl
19. Lorbeer
20. Majoran
21. Merrettich
22. Muskatnuß
23. Oregano
24. Paprika
25. Petersilie
26. Pfeffer
27. Piment
28. Pimpinelle
29. Rosmarin
30. Safran
31. Salbei
32. Schnittlauch
33. Soja
34. Thymian
35. Vanille
36. Zimt
37. Zwiebel
38. ....
39. ....
40. ....

Ernährung: Käsearten

1. Hartkäse
2. Schnittkäse
3. Halbfester Schnittkäse

4. Weichkäse
5. Frischkäse
6. Sauermilchkäse
7. Schmelzkäse
8. ....
9. ....
10. ....

Ernährung: Käsesorten

1. Appenzeller
2. Bel Paese
3. Bergkäse
4. Blauschimmelkäse
5. Bleu de Bresse
6. Bleu de Corse
7. Brie
8. Butterkäse
9. Camembert
10. Cheddar
11. Chester
12. Danablu
13. Danbo
14. Doppelrahmfrischkäse
15. Edamer
16. Emmentaler
17. Esrom
18. Gorgonzola
19. Gouda
20. Greyerzer
21. Handkäse
22. Harzer Käse
23. Havarti
24. Leerdamer
25. Limburger
26. Maasdamer
27. Mascarpone
28. Münster
29. Mainzer
30. Parmesan
31. Pecorino
32. Port Salut
33. Rahmfrischkäse
34. Romadur
35. Roquefort
36. Schabziger
37. Schichtkäse
38. Speisequark
39. Spitzkäse
40. Sprinz
41. Stilton
42. Steinbuscher
43. Tilsiter
44. Wilstermarschkäse
45. ....
46. ....
47. ....

Ernährung: Krusten / Schalen / Weichtiere

1. Austern
2. Crevetten
3. Hummer
4. Kaviar
5. Krabben

6. Krebse
7. Langusten
8. Muscheln
9. Scampi
10. Schnecken
11. Tintenfisch
12. ....
13. ....
14. ....

Ernährung: Meeresfische

1. Flunder
2. Goldbrasse
3. Goldbutt
4. Hai
5. Heilbutt
6. Hering
7. Kabeljau
8. Katfisch
9. Makrele
10. Rotbarbe
11. Rotbarsch
12. Rotzunge
13. Sardine
14. Scholle
15. Seehecht
16. Seelachs
17. Seeteufel
18. Seezunge
19. Steinbutt
20. Thunfisch
21. Petersfisch
22. Wittling
23. Wolfsbarsch
24. ....
25. ....
26. ....

Ernährung: Milchprodukte

1. Milch roh
2. Milch pasteurisiert
3. Milch homogenisiert
4. Magermilch
5. Sauermilch
6. Ziegenmilch
7. Buttermilch
8. Kondensmilch
9. Molke
10. Kefir
11. Joghurt
12. Bifidus
13. Käse
14. Sahne
15. Butter
16. Kaffeerahm
17. Halbrahm
18. Creme
19. Quark
20. ....
21. ....
22. ....
23. ....

Ernährung: Mineralstoffe

1. Bor
2. Chlor
3. Chrom
4. Eisen
5. Fluor
6. Jod
7. Kalium
8. Kalzium
9. Kieselsäure
10. Kobalt
11. Kupfer
12. Magnesium
13. Mangan
14. Molybdän
15. Natrium
16. Nickel
17. Phosphor
18. Schwefel
19. Selen
20. Vanadium
21. Zink
22. Zinn
23. ....
24. ....
25. ....

Ernährung: Nährstoffe

1. Eiweißträger
2. Wasserfreie Fette
3. Wasserhaltige Fette
4. Stärketräger
5. Zuckerträger
6. Vitaminträger
7. Mineralstoffträger
8. Faserstoffträger
9. Wasserträger
10. ....
11. ....
12. ....

Ernährung: Pilze (eßbar)

1. Austernseitling
2. Anhängselröhrling
3. Becherling
4. Birkenpilz
5. Buckeltäubling
6. Butterpilz
7. Erdritterling
8. Espenrotkappe
9. Faltentintling
10. Fichtenreizker
11. Flaschenbovist
12. Frauentäubling
13. Frostschneckling
14. Gelber Ziegenbart
15. Geselliger Rasling
16. Goldröhrling
17. Grünling
18. Grünreizker
19. Habichtschwamm
20. Hainbuchenröhrling
21. Hallimasch
22. Herbsttrompete

23. Kuhmaul
24. Kuhpilz
25. Kupferroter Gelbfuß
26. Maipilz
27. Maronenröhrling
28. Märzellerling
29. Mehlräsling
30. Milchbrätling
31. Mönchskopf
32. Nelkenschwindling
33. Parasolpilz
34. Perlpilz
35. Pfifferlinge
36. Riesenbovist
37. Ritterling
38. Rotfußröhrling
39. Rotkappe
40. Safranschrimling
41. Sandfußrübling
42. Sandröhrling
43. Schafchampignon
44. Schafproling
45. Schlehenrötling
46. Schopftintling
47. Schwarzblauender Röhrling
48. Schwefelporling
49. Semmelpilz
50. Speisemorchel
51. Speisetäubling
52. Spitzmorchel
53. Stadtchampignon
54. Steinpilze
55. Stockschwämmchen
56. Trompetenpfifferling
57. Trüffel
58. Waldschneckling
59. Weißer Rasling
60. Wiesenchampignon
61. Zigeuner
62. ....
63. ....
64. ....

Ernährung: Salzarten

1. Chloride
2. Fluoride
3. Sulfate
4. Sulfite
5. Carbonate
6. Phosphate
7. Nitrate
8. Silikate
9. ....
10. ....
11. ....

Ernährung: Speiseöle u. Fette

1. Baumnußöl
2. Bratbutter
3. Butter
4. Distelöl
5. Erdnußöl

6. Kokosfett
7. Kürbiskernöl
8. Maiskeimöl
9. Margarine
10. Mayonnaise
11. Olivenöl
12. Palmöl
13. Rapsöl
14. Pflanzenöl
15. Schmalz
16. Schweinefett
17. Sesamöl
18. Sojaöl
19. Sonnenblumenöl
20. Traubenkernöl
21. Walnußöl
22. Weizenkeimöl
23. ....
24. ....
25. ....

Ernährung: Süßwasserfische

1. Äsche
2. Bachforelle
3. Barsche
4. Egli
5. Felchen
6. Fluss-Aal
7. Hecht
8. Karpfen
9. Lachs
10. Lachsforelle
11. Maräne
12. Regenbogenforelle
13. Saibling
14. Schleie
15. Zander
16. ....
17. ....
18. ....

Ernährung: Vitamine

1. Retinol (A1)
2. Dehydroretinol (A2)
3. Thianin (B1)
4. Riboflavin (B2)
5. Nicotinsäure
6. Biotin (H)
7. Pantothensäure
8. Folsäure (Bc / M)
9. Pyridoxin (B6)
10. Cyanocobalamin (B12)
11. Ascorbinsäure (C)
12. Ergocalciferol (D2)
13. Cholecalciferol (D3)
14. Tocopherol (E)
15. Phyllochinon (K1)
16. Menachinone (K2)
17. ....
18. ....
19. ....

Ernährung: Zuckerarten

1. Traubenzucker
2. Fruchtzucker
3. Haushaltzucker
4. künstl. Zucker
5. ....
6. ....
7. ....

Esoterische Gebiete

1. Anthroposophie
2. Aromen
3. Astrologie
4. autogenes Training
5. Biodynamik
6. Bioenergetik
7. Biorhythmik
8. Bircher-Benner
9. Channeling
10. Chirologie
11. Edelsteinkunde
12. Essenzen
13. Farbtherapie
14. Feldenkrais
15. Geistheilung
16. Geomantie
17. Hellsehen
18. Hypnose
19. I-Ging
20. Irisdiagnostik
21. Kabbala
22. Klangtherapie
23. Levitation
24. Makrobiotik
25. Meditation
26. New Age
27. Numerologie
28. Parapsychologie
29. Prä-Astronautik
30. Pyramidologie
31. Radiästhesie
32. Rebirthing-Therapie
33. Reinkarnations-Therapie
34. Runen
35. Schamanismus
36. Spriritismus
37. Sufismus
38. Tarot
39. Telekinese
40. Telepathie
41. Theosophie
42. Transzendenz
43. Traumdeutung
44. Ufologie
45. Visualisation
46. Yoga
47. Zen
48. fernöstliche Lehren
49. Heilmethoden
50. Heiltherapien
51. ....
52. ....
53. ....

Fabelwesen

1. Basilisk
2. Chimära
3. Cerberus
4. Drache
5. Einhorn
6. Greif
7. Hippogryph
8. Hydra
9. Kentaur
10. Nixe
11. Pegasus
12. Phönix
13. Seeungeheuer
14. siebenköpfiger Drache
15. Sirene
16. Sphinx
17. Titan
18. Triton
19. Windgeist
20. ....
21. ....
22. ....
23. ....
24. ....

Farben: Spektralfarben

1. Rot
2. Orange
3. Gelb
4. Grün
5. Blau
6. Indigo
7. Violett
8. Weiß
9. ....
10. ....
11. ....

Farben: Rottöne

1. Feuerrot
2. Signalrot
3. Karminrot
4. Rubinrot
5. Purpurrot
6. Weinrot
7. Schwarzrot
8. Oxidrot
9. Braunrot
10. Beigerot
11. Tomatenrot
12. Korallenrot
13. Erdbeerrot
14. Himbeerrot
15. Orientrot
16. Lachsrot
17. Rosé
18. Altrosa
19. Hellrosa
20. Kupfer
21. ....
22. ....
23. ....

Farben: Orangetöne

1. Gelborange
2. Rotorange
3. Blutorange
4. Pastellorange
5. Reinorange
6. Hellrotorange
7. Verkehrsorange
8. Signalorange
9. Tieforange
10. Lachsorange
11. ....
12. ....
13. ....

Farben: Gelbtöne

1. Gold
2. Goldgelb
3. Honiggelb
4. Maisgelb
5. Narzissengelb
6. Zitronengelb
7. Schwefelgelb
8. Safrangelb
9. Zinkgelb
10. Olivgelb
11. Rapsgelb
12. Ockergelb
13. Currygelb
14. Melonengelb
15. Ginstergelb
16. Dahliengelb
17. Sandgelb
18. Pastellgelb
19. ....
20. ....
21. ....
22. ....

Farben: Grüntöne

1. Patinagrün
2. Smaragdgrün
3. Laubgrün
4. Olivgrün
5. Grauoliv
6. Blaugrün
7. Moosgrün
8. Flaschengrün
9. Braungrün
10. Tannengrün
11. Grasgrün
12. Resedagrün
13. Schwarzgrün
14. Schilfgrün
15. Gelboliv
16. Schwarzoliv
17. Türkisgrün
18. Minttürkis
19. Pastelltürkis
20. Maigrün
21. Gelbgrün
22. Weißgrün
23. Chromoxidgrün
24. Blaßgrün

25. Braunoliv
26. Verkehrsgrün
27. Farngrün
28. Opalgrün
29. Lichtgrün
30. Kieferngrün
31. Minzgrün
32. Signalgrün
33. ....
34. ....
35. ....

Farben: Blautöne

1. Violettblau
2. Grünblau
3. Ultramarinblau
4. Königsblau
5. Saphirblau
6. Schwarzblau
7. Signalblau
8. Brillantblau
9. Graublau
10. Azurblau
11. Enzianblau
12. Stahlblau
13. Lichtblau
14. Kobaltblau
15. Taubenblau
16. Himmelblau
17. Verkehrsblau
18. Türkisblau
19. Capriblau
20. Ozeanblau
21. Wasserblau
22. Nachtblau
23. Fernblau
24. Pastellblau
25. ....
26. ....
27. ....

Farben: Violettöne

1. Rotlila
2. Rotviolett
3. Erikaviolett
4. Bordeauxviolett
5. Blaulila
6. Verkehrspurpur
7. Purpurviolett
8. Signalviolett
9. Pastellviolett
10. Lavendel
11. ....
12. ....
13. ....

Farben: Grautöne

1. Fehgrau
2. Silbergrau
3. Olivgrau
4. Moosgrau
5. Signalgrau
6. Mausgrau
7. Beigegrau

8. Kakigrau
9. Grüngrau
10. Zeltgrau
11. Eisengrau
12. Basaltgrau
13. Schiefergrau
14. Anthrazitgrau
15. Schwarzgrau
16. Umbragrau
17. Betongrau
18. Graphitgrau
19. Granitgrau
20. Steingrau
21. Blaugrau
22. Kieselgrau
23. Zementgrau
24. Gelbgrau
25. Lichtgrau
26. Platingrau
27. Staubgrau
28. Achatgrau
29. Quarzgrau
30. Fenstergrau
31. Verkehrsgrau
32. Seidengrau
33. Grauweiß
34. Weißaluminium
35. Graualuminium
36. Silber
37. ....
38. ....
39. ....

Farben: Brauntöne

1. Grünbraun
2. Ockerbraun
3. Signalbraun
4. Lehmbraun
5. Kupferbraun
6. Rehbraun
7. Olivbraun
8. Nußbraun
9. Rotbraun
10. Kastanienbraun
11. Sepiabraun
12. Mahagonibraun
13. Schokoladenbraun
14. Graubraun
15. Schwarzbraun
16. Orangenbraun
17. Beigebraun
18. Blaßbraun
19. Terrabraun
20. ....
21. ....
22. ....

Farben: Beigetöne

1. Cremeweiß
2. Grünbeige
3. Beige
4. Elfenbein
5. Hellelfenbein
6. Graubeige
7. Braunbeige

8. ....
9. ....
10. ....

Farben: Weiß und Schwarz

1. Perlweiß
2. Signalweiß
3. Reinweiß
4. Verkehrsweiß
5. Papyrusweiß
6. Signalschwarz
7. Tiefschwarz
8. Verkehrsschwarz
9. Graphitschwarz
10. ....
11. ....
12. ....

Fasern: natürlich

1. Angorawolle
2. Asbest
3. Baumwolle
4. Flachs
5. Hanf
6. Jute
7. Kamelhaar
8. Kaschmir
9. Kokos
10. Manila
11. Mohair
12. Ramie
13. Roßhaar
14. Seide
15. Sisal
16. Wolle
17. ....
18. ....
19. ....

Fasern: chemisch

1. Acetat
2. Casein
3. Elasthan
4. Modacryl
5. Polyamid
6. Polyester
7. Polypropylen
8. Polyurethan
9. Viskose
10. ....
11. ....
12. ....

Fasern: industriell

1. Gesteinsfasern
2. Glasfasern
3. Kohlenstoffasern
4. Metallfasern
5. Textilglas
6. ....
7. ....
8. ....

Geld: allgemein

1. verschenken
2. gebrauchen
3. nichts verändern
4. annehmen
5. sich beraten lassen
6. sparen
7. Reserven bilden
8. Sicherheiten schaffen
9. anlegen
10. investieren
11. produzieren
12. Vermögen bilden
13. Zinsen bilden
14. den Sinn verstehen
15. ....
16. ....
17. ....

Geld: Anlageziele

1. Sicherheit
2. Rendite
3. Kapitalzuwachs
4. Liquidität
5. ....
6. ....
7. ....

Geld: Geldwertanlagen

1. Giro- / Sparkonto
2. Termingeldkonto
3. Sparkonto
4. Sparbriefe (Obligationen)
5. Bundesschatzbriefe
6. Finanzierungsschätze
7. Börsennotierte Wertpapiere
8. Bundesobligationen
9. Pfandbriefe
10. Kommunal-obligationen
11. Anleihen der öffentlichen Hand
12. Industrieobligationen
13. Zerobonds
14. Wandelanleihe
15. Bausparen
16. Lebensversicherung
17. Risikolebens-versicherung
18. Rentenversicherung
19. Kapitallebens-versicherung
20. ....
21. ....
22. ....

Geld: Sachwertanlagen

1. Immobilien
2. Gold
3. andere Edelmetalle
4. inländische Aktien
5. Investmentfonds

6. Kunstgegenstände
7. Schmuck
8. Antiquitäten
9. Diamanten
10. Briefmarken
11. Teppiche
12. ....
13. ....
14. ....

Gemüt: Verfassung + Stimmung

1. euphorisch
2. erhitzt
3. übermütig
4. fröhlich
5. verliebt
6. freudig
7. lustvoll
8. glücklich
9. erregt
10. hoffnungsvoll
11. seelig
12. gelöst
13. zufrieden
14. behaglich
15. beruhigt
16. besorgt
17. aufgewühlt
18. angespannt
19. unsicher
20. ängstlich
21. gestreßt
22. nervös
23. entsetzt
24. überrascht
25. traurig
26. müde
27. trotzig
28. geschwächt
29. lustlos
30. verbissen
31. wütend
32. aggressiv
33. zornig
34. ....
35. ....
36. ....

Geschmacksinn

1. süß
2. sauer
3. bitter
4. salzig
5. herb
6. würzig
7. fad
8. scharf
9. ....
10. ....
11. ....

Gesundheit: Zustand

1. in Form

2. tatkräftig
3. gesund
4. fit
5. ausgeglichen
6. ausgeruht
7. harmonisch
8. erschöpft
9. müde
10. ausgelaugt
11. übermüdet
12. krank
13. schwach
14. ....
15. ....
16. ....

Gesundheit: Auswirkungen

1. heilend
2. schützend
3. fördernd
4. aufbauend
5. stärkend
6. überflüssig
7. ungesund
8. schädlich
9. verhängnisvoll
10. giftig
11. tödlich
12. ....
13. ....
14. ....

Gesundheit: Gefahren

1. Rauchen
2. Alkoholmißbrauch
3. einseitige Ernährung
4. Überernährung
5. mangelnde körperl. Aktivität
6. Streß
7. langfrist. Einwirkung gefährl. Stoffe
8. Umweltschadstoffe
9. ungesunde Lebensführung
10. Infektionskrankheiten
11. ....
12. ....
13. ....

Gewässergüte

1. unbelastet
2. sehr gering belastet
3. gering belastet
4. mäßig belastet
5. kritisch belastet
6. stark verschmutzt
7. sehr stark verschmutzt
8. übermäßig verschmutzt
9. ....
10. ....
11. ....

Gift: Grade

1. sehr giftig
2. giftig
3. ätzend
4. minder giftig
5. reizverursachend
6. ....
7. ....
8. ....

Gifttiere

1. Alpensalamander
2. Aspisviper
3. Dornfingerspinne
4. Erdkröte
5. Feldskorpion
6. Feuersalamander
7. Fiebermücke
8. Floh
9. Holzbock
10. Hornisse
11. Kammspinnen
12. Kegelschnecken
13. Kobra
14. Korallenschlange
15. Kraits
16. Kreuzotter
17. Malmignatter
18. Mamba
19. Moskito
20. Rote Waldameise
21. Sandotter
22. Schnabeltier
23. Skorpion
24. Stechimmen
25. Taipanschlange
26. Tarantel
27. Trugnatter
28. Wasserskorpion
29. Wasserspinne
30. Wiesenotter
31. Würfelqualle
32. Zecke
33. Zornschlange
34. ....
35. ....
36. ....

Giftpflanzen

1. Aronstab
2. Bilsenkraut
3. Dieffenbachiaarten
4. Eisenhut
5. Engelstrompeten
6. Fingerhut
7. Germerarten
8. Herbstzeitlose
9. Hundspetersilie
10. Lebensbaumarten
11. Sadebaum
12. Schierling
13. Schwarzer Nachtschatten
14. Seidelbast

15. Stechapfel
16. Sturmhut
17. Tabak
18. Tollkirsche
19. Wasserschierling
20. Wunderbaum
21. ....
22. ....
23. ....

Giftpilze

1. Bauchwehkoralle
2. Feldtrichterling
3. Fliegenpilz
4. Frühjahrslorchel
5. Gallenröhrling
6. Giftreizker
7. Hautkopf
8. Kahler Krempling
9. Knollenblätterpilz
10. Nadelholzschüppling
11. Pantherpilz
12. Riesenröting
13. Rißpilz
14. Satansröhrling
15. Schönfußröhrling
16. Tigerrittling
17. ....
18. ....
19. ....

Häufigkeit

1. stündlich
2. einmal täglich
3. zweimal täglich
4. dreimal täglich
5. viermal täglich
6. wöchentlich
7. monatlich
8. alle zwei Monate
9. alle drei Monate
10. alle vier Monate
11. halbjährlich
12. jährlich
13. ....
14. ....
15. ....

Haushaltsausgaben

1. Miete, Energie
2. Versicherungen
3. Steuern
4. Fahrzeug
5. Telefon / Natel / Fax
6. Nahrungsmittel, Getränke
7. Bekleidung, Schuhe
8. Möbel, Haushaltsgeräte
9. Gesundheits- u. Körperpflege
10. Bildung und Freizeit
11. Reisen, Ferien
12. ....

13. ....
14. ....

Haustiere

1. Hund
2. Katze
3. Vogel
4. Fisch
5. Hamster
6. Meerschweinchen
7. Schildkröte
8. Zwergkaninchen
9. Amphibien
10. Reptilien
11. ....
12. ....
13. ....

Heilkräuter + -pflanzen

1. Ackerschachtelhalm
2. Alant
3. Aloe
4. Andorn
5. Anemone
6. Anis
7. Arnika
8. Artischocke
9. Augentrost
10. Bachbunge
11. Baldrian
12. Bärlauch
13. Basilikum
14. Beinwell
15. Bibernelle
16. Birke
17. Bohne
18. Brennessel
19. Brunnenkresse
20. Dinkel
21. Diptam
22. Eisenkraut
23. Engelwurz
24. Enzian, gelber
25. Eukalyptus
26. Faulbaum
27. Fenchel
28. Flohkraut
29. Gerste
30. Gewürznelke
31. Gundelrebe
32. Habichtskraut
33. Heckenrose
34. Hirschzunge
35. Hirtentäschel
36. Holunder
37. Hopfen
38. Huflattich
39. Ingwer
40. Johanniskraut
41. Kalmus
42. Kamille
43. Knoblauch
44. Kümmel
45. Lein

46. Liebstöckel
47. Linde
48. Löwenzahn
49. Lungenkraut
50. Mädesüß
51. Malve
52. Meisterwurz
53. Melisse
54. Minze
55. Mistel
56. Mohn
57. Muskatnuß
58. Muskateller Salbei
59. Petersilie
60. Pfefferminz
61. Quendel
62. Rainfarn
63. Raute
64. Ringelblume
65. Rose
66. Salbei
67. Sanddorn
68. Schachtelhalm
69. Schafgarbe
70. Schlüsselblume
71. Schöllkraut
72. Sellerie
73. Speik-Lavendel
74. Spitzwegerich
75. Süßholz
76. Taubnessel
77. Tausendgüldenkraut
78. Thymian
79. Veilchen
80. Wegerich
81. Weidenröschen
82. Weißdorn
83. Wermut
84. Ysop
85. Zahnwurz
86. Zimt
87. Zitwer
88. ....
89. ....
90. ....

Heilmethoden

1. traditionelle Medizin
2. Akupressur
3. Akupunktur
4. Aurasoma
5. Ayurveda
6. Bachblüten
7. Bäder / Kneippen
8. Bestrahlungen
9. Dufttherapie
10. Edelsteintherapie
11. eigener Wille
12. Farbtherapie
13. Fußreflexzonenmassage
14. Homöopathie
15. Hypnose
16. Inhalation
17. Klangtherapie

18. Kräutermedizin
19. Magnethopatie
20. Massagen
21. Polarity
22. Reiki
23. Rolfing
24. Schamanismus
25. Shiatsu
26. Touch for Health
27. ....
28. ....
29. ....

Hormone

1. Adiuretin
2. Adrenalin
3. Adrenocorticotropes H.
4. Aldosteron
5. Androgene
6. Calcitonin
7. Catecholamine
8. Choriongonadotropin
9. Corticotropin
10. Cortisol
11. Cortison
12. Erythropoetin
13. Gastrin
14. Glucagon
15. Glucocorticoide
16. Gonadotropine
17. Insulin
18. Lipotropin
19. Luteinisierendes Hormon
20. Luteotropes Hormon
21. Melanotropin
22. Melatonin
23. Noradrenalin
24. Östradiol
25. Oxytocin
26. Parathormon
27. Peptide
28. Progesteron
29. Pankreozymin
30. Relaxin
31. Sekretin
32. Somatotropin
33. Testosteron
34. Thyreotropin
35. Thyroxin
36. Triiodthyronin
37. Vasopressin
38. ....
39. ....
40. ....

Hormongruppen

1. Amine
2. Prostaglandine
3. Steroidhormone
4. Polypeptide
5. ....
6. ....
7. ....

Hormonproduzierende Organe

1. Hypothalamus
2. Hypophyse
3. Schilddrüse
4. Nebenschilddrüse
5. Bauchspeicheldrüse
6. Nebenniere
7. Niere
8. Hoden
9. Eierstöcke
10. ....
11. ....
12. ....

Immissionen: Arten

1. Luftverunreinigung
2. Geräusche
3. Erschütterungen
4. Licht
5. Wärme
6. Chemische Stoffe
7. Physikalische Stoffe
8. Dämpfe
9. Gase
10. Gerüche
11. Lärm
12. Nachtruhestörungen
13. Müllhalden
14. Drogenszenen
15. Entziehung von Luft
16. Entziehung von Licht
17. ....
18. ....
19. ....

Immissionen: Schäden

1. Gesundheitsschäden
2. Strahlenschäden
3. Fischsterben
4. Vergiftungs- erscheinungen
5. Gehörschäden
6. Allergien
7. Produktionsleistungs- rückgang
8. Verarmung der Artenvielfalt
9. ....
10. ....
11. ....

Intelligenzgrad

1. genial
2. talentiert
3. intelligent
4. normal begabt
5. lernbehindert
6. geistig behindert
7. schwachsinnig
8. ....
9. ....
10. ....

Krankheiten: Ursachen

1. seelische Ursache
2. geistige Ursache
3. körperliche Ursache
4. karmische Ursache
5. geopathische Ursache
6. energetische Ursache
7. ....
8. ....
9. ....

Krankheiten: Gründe

1. geist. Überforderung
2. seel. Überforderung
3. körperl. Überforderung
4. geist. Unterforderung
5. seel. Unterforderung
6. körperl. Unterforderung
7. Erdstrahlungen
8. sonst. Strahlungen
9. Meridianstörungen
10. Chakrablockaden
11. Karma
12. Narben, Verwachsungen
13. Verdrängung
14. Ängste
15. Beziehung
16. Streß
17. Arbeit
18. Suchtmittel
19. Selbsteinschätzung
20. Körperlich (siehe Mensch)
21. ....
22. ....
23. ....

Krankheiten: Infektions-K.

1. Aids
2. Cholera
3. Diphterie
4. Fleckfieber
5. Gasbrand
6. Gelbfieber
7. Grippe
8. Hepatitis-A
9. Hepatitis-B
10. Keuchhusten
11. Kinderlähmung
12. Lepra
13. Malaria
14. Masern
15. Milzbrand
16. Mumps
17. Pocken
18. Röteln
19. Rückfallfieber
20. Scharlach
21. Schlafkrankheit
22. Syphilis
23. Tetanus
24. Tollwut

25. Tripper
26. Tuberkulose
27. Typhus
28. Windpocken
29. ....
30. ....
31. ....

Krankheiten: Krebsarten

1. Lungenkrebs
2. Brustdrüsenkrebs
3. Magenkrebs
4. Dickdarmkrebs
5. Harnblasenkrebs
6. Nierenkrebs
7. Blutkrebs
8. Gallen/Leber-Krebs
9. Mastdarm-Krebs
10. Eierstock/Hoden-Krebs
11. Bauchspeicheldrüsen-krebs
12. Speiseröhrenkrebs
13. Hautkrebs
14. Schilddrüsenkrebs
15. Dünndarmkrebs........
16. Leber Krebs..................
17. ....

Krankheiten: Vitaminosen

1. Mangel an Vitaminen
2. Fehlen von Vitaminen
3. Verwertungsstörung
4. Vitaminüberschuß
5. ....
6. ....
7. ....

Kristalle: Systeme

1. kubisch
2. tetragonal
3. hexagonal
4. rhombisch
5. monoklin
6. triklin
7. ....
8. ....
9. ....

Kristalle: Physikalische Eigenschaften

1. Bruch
2. Dichte
3. Elektr. Eigenschaften
4. Farbe
5. Glanz
6. Härte
7. Lichtbrechung
8. Lumineszenz
9. Magnetismus
10. Optische Effekte
11. Radioaktivität
12. Röntgenbeugung
13. Spaltbarkeit
14. Teilbarkeit

15. Tenazität
16. ....
17. ....
18. ....

Kristalle: Formen

1. Hexakis-oktaedrisch
2. Gyroidisch
3. Hexakis-tetraedrisch
4. Disdodekaedrisch
5. Tetartoidisch
6. Dihexagonal-dipyramidal
7. Hexagonal-dipyramidal
8. Dihexagonal-pyramidal
9. Hexagonal-trapezoedrisch
10. Hexagonal-pyramidal
11. Ditrigonal-skalenoedrisch
12. Ditrigonal-dipyramidal
13. Trigonal-dipyramidal
14. Ditrigonal-pyramidal
15. Trigonal-trapezoedrisch
16. Trigonal-rhomboedrisch
17. Trigonal-pyramidal
18. Ditetragonal-dipyramidal
19. Tetragonal-dipyramidal
20. Ditetragonal-pyramidal
21. Tetragonal-trapezoedrisch
22. Tetragonal-skalenoedrisch
23. Tetragonal-pyramidal
24. Tetragonal-disphenoidisch
25. Rhombisch-dipyramidal
26. Rhombisch-pyramidal
27. Rhombisch-disphenoidisch
28. Monoklin-prismatisch
29. Monoklin-domatisch
30. Monoklin-sphenoidisch
31. Triklin-pinakoidal
32. Triklin-pedial
33. ....
34. ....
35. ....

Kunst

1. ägyptische Kunst
2. babylonische Kunst
3. persische Kunst
4. assyrische Kunst
5. kleinasiatische Kunst
6. griechische Kunst
7. etruskische Kunst
8. altchristliche Kunst
9. byzantinische Kunst
10. romanische Kunst
11. chinesische Kunst
12. japanische Kunst

13. islamische Kunst
14. indische Kunst
15. Gotik
16. Renaissance
17. Barock
18. Rokoko
19. Empire
20. Biedermeier
21. Jugendstil
22. Art Deco
23. Moderne
24. ....
25. ....
26. ....

Landschaftsgürtel

1. Inlandeis
2. Tundra
3. Gebirge
4. Taiga
5. Laubwälder
6. Savanne
7. Steppe
8. tropischer Regenwald
9. Wüste
10. ....
11. ....
12. ....

Lärmbelastung

1. Straßenverkehrslärm
2. Flugzeuglärm
3. Überschall-Flugzeuge
4. Militär-Flugzeuge
5. Düsenflugzeuge
6. Baustellenlärm
7. Schienenverkehrslärm
8. Industrielärm
9. Gewerbelärm
10. Wohnlärm
11. Musik
12. Freizeitlärm
13. Gartenlärm
14. Hobbylärm
15. ....
16. ....
17. ....

Lebensnotwendigkeit

1. lebensbestimmend
2. dominierend
3. wichtig
4. brauchbar
5. nebensächlich
6. unwesentlich
7. ohne Bedeutung
8. überflüssig
9. ....
10. ....
11. ....

Lebensqualität: allgemein

1. Partnerschaft
2. Familienleben

3. Arbeitsplatz/Haushalt
4. Lebensstandard
5. Wohnung
6. Freizeit
7. Einkommen
8. Gesundheit
9. Soziale Sicherung
10. öffentliche Sicherheit
11. Umweltschutz
12. ....
13. ....
14. ....

Lichteinflüsse

1. Tageslicht
2. Kunstlicht
3. Neonlicht
4. Halogenlicht
5. Laser
6. Ultraviolett
7. Fluoreszenz
8. flackriges Licht
9. Schatten
10. Lichtspiegelung
11. psychologische Blendung
12. Überbelichtung
13. Reflexion
14. falscher Lichteinfall
15. direkte Beleuchtung
16. indirekte Beleuchtung
17. zu starkes Licht
18. zu schwaches Licht
19. ....
20. ....
21. ....

Luft: Zusammensetzung

1. Stickstoff
2. Sauerstoff
3. Argon
4. Kohlendioxid
5. Neon
6. Helium
7. Methan
8. Krypton
9. Wasserstoff
10. Distickstoffmonoxid
11. Xenon
12. ....
13. ....
14. ....

Luft: Schadstoffe

1. Schwebstaub
2. Blei im Schwebstaub
3. Cadmium im Schw.
4. Staubniederschlag
5. Blei im Staubn.
6. Cadmium im Staubn.
7. Thallium im Staubn.
8. Ozon
9. Chlor
10. Chlorwasserstoff

11. Fluorwasserstoff
12. Kohlenoxide
13. Kohlenwasserstoffe
14. Schwefeldioxid
15. Schwefeltrioxid
16. Schwefelwasserstoff
17. Stickstoffdioxid
18. Ammoniak
19. Dioxine
20. Methan
21. Gerüche
22. ....
23. ....
24. ....

Luft: Verschmutzung

1. Rauch
2. Ruß
3. Staub
4. Gase
5. Aerosole
6. Dämpfe
7. Geruchsstoffe
8. Vulkanausbrüche
9. Raketenabgase
10. Kernwaffenversuche
11. biologische Waffen
12. Raumsonden
13. radioaktiver Niederschlag
14. Kraftwerke
15. Flugzeugabgase
16. unverbrauchter Kerosinausstoß
17. Feuerungsanlagen
18. Produktion v. Industrie + Gewerbe
19. Güterverkehr
20. Privatverkehr
21. Schiffsverkehr
22. Tanklager
23. Tankstellen
24. Schädlingsbekämpfungsmittel
25. Abfackeln
26. Müllverbrennungsanlagen
27. Lösungsmittel
28. ....
29. ....
30. ....

Meere

1. amerikanisches Mittelmeer
2. arktisches Mittelmeer
3. Atlantischer Ozean
4. Australasiatisches Mittelmeer
5. Bering Meer
6. Europäisches Mittelmeer
7. Golf von Kalifornien
8. Hudsonbai

9. Indischer Ozean
10. Irische See
11. Japanisches Meer
12. Nördliches Eismeer
13. Nordsee
14. Ochotskisches Meer
15. Ostchinesisches Meer
16. Ostsee
17. Pazifischer Ozean
18. Persischer Golf
19. Rotes Meer
20. Sankt-Lorenz-Golf
21. ....
22. ....
23. ....

Mensch: allgemein

1. Energiezentren
2. Skelett
3. Gelenke
4. Muskulatur
5. Verdauungsapparat
6. Endokrines System
7. Blutkreislauf
8. Ausscheidungsorgane
9. Sinnesorgane
10. Geschlechtsorgane
11. Nervensystem
12. ....
13. ....
14. ....

Mensch: Abwehrsysteme

1. Mandeln
2. Tränendrüsen
3. Speicheldrüsen
4. Lymphknoten
5. Lymphgefäßsystem
6. Leber
7. Magen
8. Milz
9. Dünndarm
10. Dickdarm
11. Haut
12. ....
13. ....
14. ....

Mensch: Auge

1. Pupille
2. Hornhaut
3. Regenbogenhaut
4. vordere Augenkammer
5. Schlemmscher Kanal
6. Bindehaut
7. hintere Augenkammer
8. Aufhängefasern für die Linse
9. Linse
10. Zilarmuskel
11. Zilarkörper
12. Augenmuskel
13. Weiße Augenhaut
14. Aderhaut

15. Glaskörper
16. Blinder Fleck
17. Netzhaut
18. Zilararterie
19. Zilarnerv
20. Sehnerv
21. Augenbraue
22. Oberlid
23. Unterlid
24. Wimpern
25. Lidmuskel
26. Tränensack
27. oberer Tränengang
28. unterer Tränengang
29. ....
30. ....
31. ....

Mensch: Eingeweide

1. Zungenbein
2. Kehlkopf
3. Schilddrüse
4. Luftröhre
5. Halsschlagader
6. Aorta
7. Lunge
8. Hauptschlagader
9. Herz
10. Zwerchfell
11. Leber
12. Gallenblase
13. Milz
14. Magen
15. Dickdarm
16. Dünndarm
17. Blinddarm
18. Wurmfortsatz
19. Bauchfell
20. Mastdarm
21. Harnblase
22. ....
23. ....
24. ....

Mensch: endokrine Drüsen

1. Hypophyse
2. Epiphyse
3. Nebenschilddrüse
4. Schilddrüse
5. Bauchspeicheldrüse
6. Nebennieren
7. Keimdrüsen
8. ....
9. ....
10. ....

Mensch: Gehirn

1. Stirnlappen
2. Schläfenlappen
3. Scheitellappen
4. Kleinhirn
5. Thalamus
6. Hypothalamus

7. Mamillarkörper
8. Hypophyse
9. Hirnstamm
10. Brücke
11. Gewölbe
12. Vertikel
13. Balken
14. ....
15. ....
16. ....

Mensch: Grundbausteine

1. Sauerstoff
2. Kalzium
3. Stickstoff
4. Kohlenstoff
5. Wasserstoff
6. Phosphor
7. Kalium
8. Schwefel
9. Chlor
10. Natrium
11. Magnesium
12. Spurenelemente
13. ....
14. ....
15. ....

Mensch: Muskulatur

1. Schläfenmuskel
2. Stirnmuskel
3. Hinterhauptmuskel
4. Augenmuskel
5. Jochbeinmuskel
6. Wangenmuskel
7. Mundmuskel
8. Kopfwender
9. Kapuzinermuskel
10. Deltamuskel
11. großer Brustmuskel
12. dreiköpfiger Unterarmstrecker
13. zweiköpfiger Unterarmbeuger
14. Sägemuskel
15. breiter Rückenmuskel
16. Armspeichenmuskel
17. Beugergruppe am Unterarm
18. Streckmuskeln am Unterarm
19. Querband (Arm)
20. gerader Bauchmuskel
21. äußerer schräger Bauchmuskel
22. großer Gesäßmuskel
23. Schnedermuskel
24. Vierköpfiger Unterschenkelstrecker
25. Unterschenkelbeuger
26. Wadenmuskeln
27. Schienbandmuskel
28. Kreuzband
29. Achillessehne

30. Querband (Bein)
31. ....
32. ....
33. ....

Mensch: Ohr

1. äußerer Gehörgang
2. Trommelfell
3. Hammer
4. Ambos
5. ovales Fenster
6. Schnecke
7. Bogengänge
8. Hörner
9. Paukenhöhle
10. rundes Fenster
11. Steigbügel
12. Ohrtrompete
13. ....
14. ....
15. ....

Mensch: Skelett

1. Scheitel
2. Stirnbein
3. Nasenstachel
4. Oberkieferknochen
5. Unterkieferknochen
6. Halswirbel
7. Schlüsselbein
8. Schultergelenk
9. Schulterblatt
10. Wirbelsäule
11. Oberarmknochen
12. Ellenbogengelenk
13. Elle
14. Speiche
15. Handgelenk
16. Handwurzelknochen
17. Mittelhandknochen
18. Fingerknochen
19. Daumen
20. Brustbein
21. Rippenknochen
22. Rippenknorpel
23. Lendenwirbel
24. Kreuzbein
25. Hüftbein
26. Hüftgelenk
27. Steißbein
28. Oberschenkelknochen
29. Kniescheibe
30. Kniegelenk
31. Schienbein
32. Wadenbein
33. Fußwurzelknochen
34. Fußgelenk
35. Mittelfußknochen
36. Zehenknochen
37. ....
38. ....
39. ....

Mensch: Zahn

1. Wurzelhaut
2. Zement
3. Zahnschmelz
4. Zahnbein
5. Zahnmark
6. Nerven
7. Blutgefäße
8. Wurzel
9. Krone
10. Füllung
11. ....
12. ....
13. ....

Metalle: die wichtigsten

1. Eisen
2. Magnesium
3. Aluminium
4. Titan
5. Vanadium
6. Chrom
7. Mangan
8. Kobalt
9. Nickel
10. Kupfer
11. Zink
12. Cadmium
13. Niob
14. Molybdän
15. Tantal
16. Wolfram
17. Blei
18. Silber
19. Gold
20. Platin
21. Quecksilber
22. ....
23. ....
24. ....

Metalle: Gruppen

1. Eisen- u. Stahlveredlungsmetalle
2. Buntmetalle
3. Leichtmetalle
4. Kernbrennstoffe
5. Edelmetalle
6. ....
7. ....
8. ....

Metalle: Eisen- u. Stahlveredlungsmetalle

1. Eisen
2. Chrom
3. Kobalt
4. Mangan
5. Molybdän
6. Nickel
7. Wolfram
8. Vanadium
9. ....
10. ....

11. ....

Metalle: Buntmetalle

1. Kupfer
2. Blei
3. Quecksilber
4. Zinn
5. ....
6. ....
7. ....

Metalle: Leichtmetalle

1. Aluminium
2. Beryllium
3. ....
4. ....
5. ....

Metalle: Kernbrennstoffe

1. Thorium
2. Uran
3. ....
4. ....
5. ....

Metalle: Edelmetalle

1. Gold
2. Silber
3. Platin
4. ....
5. ....
6. ....

Mineralien: allgemein

1. Achat
2. Adamin
3. Adular
4. Aktinolith
5. Alaun
6. Albit
7. Alexandrit
8. Amazonit
9. Amethyst
10. Anatas
11. Andalusit
12. Apatit
13. Aquamarin
14. Augit
15. Aventurin
16. Azurit
17. Baryt
18. Baumachat
19. Bergkristall
20. Beryll
21. Bleiglanz
22. Blutstein
23. Brasilianit
24. Brookit
25. Calcit
26. Chalcedon
27. Chrysoberyll
28. Chrysocoll
29. Chrysolith
30. Chrysopras
31. Citrin

32. Cordierit
33. Cyanit
34. Diamant
35. Dioptas
36. Disthen
37. Dolomit
38. Dumortierit
39. Edeltopas
40. Eisenglanz
41. Eisenkies
42. Eisenspat
43. Enstatit
44. Epidot
45. Falkenauge
46. Feueropal
47. Fluorit
48. Flußspat
49. Galenit
50. Gold
51. Granat
52. Graphit
53. Hämatit
54. Heliotrop
55. Hiddenit
56. Hornblende
57. Howlit
58. Indigolith
59. Jade
60. Jadeit
61. Jaspis
62. Kalkspat
63. Karneol
64. Katzenauge
65. Korund
66. Kunzit
67. Kupfer
68. Kupfererz
69. Kupferkies
70. Lapislazuli
71. Leopardenhaut
72. Leucit
73. Limonit
74. Magnetit
75. Malachit
76. Manganspat
77. Markasit
78. Mejonit
79. Meteoriten
80. Molybdänit
81. Mondstein
82. Moosachat
83. Morganit
84. Moosopal
85. Nephrit
86. Olivenit
87. Olivin
88. Onyx
89. Opal
90. Peridot
91. Petalit
92. Plagioklas
93. Platin
94. Purpurit
95. Pyrit

96. Pyromorphit
97. Quarz
98. Rauchquarz
99. Rhodochrosit
100. Rhodonit
101. Rosenquarz
102. Rubin
103. Rutil
104. Saphir
105. Schwefel
106. Siderit
107. Silber
108. Smaragd
109. Sodalit
110. Spinell
111. Sphalerit
112. Sphen
113. Steinsalz
114. Strengit
115. Sugilith
116. Thulit
117. Tigerauge
118. Topas
119. Türkis
120. Turmalin
121. Unakrit
122. Vanadinit
123. Wavellit
124. Wulfenit
125. Zinkblende
126. Zirkon
127. Zinnober
128. ....
129. ....
130. ....

Mineralien: organische Steine

1. Bernstein
2. Gagat
3. Kännelkohle
4. Koralle
5. Perlen
6. Perlmutter
7. ....
8. ....
9. ....

Mineralien: Gesteine

1. Alabaster
2. Fossilien
3. Landschaftsmarmor
4. Meerschaum
5. Moldavit
6. Obsidian
7. Onyx-Marmor
8. ....
9. ....
10. ....

Mineralien: Gruppen

1. Elemente
2. Sulfide
3. Sulfosalze

4. Oxide
5. Hydroxide
6. Halogenide
7. Karbonate
8. Nitrate
9. Borate
10. Sulfate
11. Chromate
12. Wolframate
13. Molybdate
14. Phosphate
15. Arsenate
16. Vanadate
17. Silikate
18. organische Verbindungen
19. Gesteine
20. Nichtminerale
21. ....
22. ....
23. ....

Mineralien: Merkmale

1. Farbe
2. Farbveränderung
3. Absorption
4. Lichtbrechung
5. Durchsichtigkeit
6. Einschlüsse
7. Spaltbarkeit
8. Kristallform
9. Vorkommen
10. Härte
11. Dichte
12. Strichfarbe
13. Elektrischer Widerstand
14. Wärmeleitfähigkeit
15. ....
16. ....
17. ....

Musik: Instrumente

1. Saiteninstrumente
2. Blasinstrumente
3. Schlaginstrumente
4. Tasteninstrumente
5. Selbstklinger
6. ....
7. ....
8. ....

Musik: Intervalle

1. Prime
2. Sekunde
3. Terz
4. Quarte
5. Quinte
6. Sexte
7. Septime
8. Oktave
9. ....
10. ....
11. ....

Musik: Richtungen

1. Blues
2. Chormusik
3. Filmmusik
4. Funk
5. Instrumental
6. Jazz
7. Klassik
8. Meditationsmusik
9. Musicals
10. New Age
11. Pop
12. Reaggie
13. Rock
14. Soul
15. Schlager
16. Unterhaltungsmusik
17. Volksmusik
18. ....
19. ....
20. ....

Ökosystem: generell

1. Licht / Wärme
2. Wasser
3. Sauerstoff
4. Kohlendioxid
5. Sonstige Mineralstoffe
6. Nährstoffe
7. Höhe / Fläche
8. Substrate
9. Grüne Pflanzen
10. Autotrophe Organismen
11. Destruenten
12. Saprophage Pflanzen/Tiere
13. Symbionten
14. Dauerhumus
15. Bakteriophage
16. Parasiten
17. Überparasiten
18. Karnivoren
19. Überkarnivoren
20. Herbivoren
21. ....
22. ....
23. ....

Ökosystem: Landwirtschaft

1. Mensch
2. Nutztier
3. Nutzpflanzen
4. Unkraut
5. Nitrifikanten
6. Nährsalze
7. Destruenten
8. parasitische Pilze
9. pflanzenfressende Tiere
10. räuberische Tiere
11. Bestandsabfall
12. Bodentiere
13. ....

14. ....
15. ....

Periodensystem: Elemente (die Numerierung entspricht gleichzeitig der Ordnungszahl)

1. Wasserstoff
2. Helium
3. Lithium
4. Beryllium
5. Bor
6. Kohlenstoff
7. Stickstoff
8. Sauerstoff
9. Fluor
10. Neon
11. Natrium
12. Magnesium
13. Aluminium
14. Silicium
15. Phosphor
16. Schwefel
17. Chlor
18. Argon
19. Kalium
20. Calcium
21. Scandium
22. Titan
23. Vanadium
24. Chrom
25. Mangan
26. Eisen
27. Kobalt
28. Nickel
29. Kupfer
30. Zink
31. Gallium
32. Germanium
33. Arsen
34. Selen
35. Brom
36. Krypton
37. Rubidium
38. Strontium
39. Yttrium
40. Zirkon
41. Niob
42. Molybdän
43. Technetium
44. Ruthenium
45. Rhodium
46. Palladium
47. Silber
48. Cadmium
49. Indium
50. Zinn
51. Antimon
52. Tellur
53. Iod
54. Xenon
55. Cäsium
56. Barium
57. Lanthan

58. Cer
59. Praseodym
60. Neodym
61. Promethium
62. Samarium
63. Europium
64. Gadolinium
65. Terbium
66. Dysprosium
67. Holmium
68. Erbium
69. Thulium
70. Ytterbium
71. Lutetium
72. Hanfnium
73. Tantal
74. Wolfram
75. Rhenium
76. Osmium
77. Iridium
78. Platin
79. Gold
80. Quecksilber
81. Thallium
82. Blei
83. Wismut
84. Polonium
85. Astat
86. Radon
87. Francium
88. Radium
89. Actinium
90. Thorium
91. Protactinium
92. Uran
93. Neptunium
94. Plutonium
95. Americium
96. Curium
97. Berkelium
98. Californium
99. Einsteinium
100. Fermium
101. Mendelevium
102. Nobelium
103. Lawrencium
104. Kurtschatovium
105. Hahnium
106. ....
107. ....
108. ....

Periodensystem: Hauptgruppen

1. Alkalimetalle
2. Erdalkalimetalle
3. Erdmetalle
4. Kohlenstoffgruppe
5. Stickstoff/Phosphor-Gruppe
6. Sauerstoff/Schwefel-Gruppe
7. Halogene
8. Edelgase

9. ....
10. ....
11. ....

Pestizide

1. Akarizide
2. Algizide
3. Aphizide
4. Arborizide
5. Attractants
6. Avizide
7. Bakterizide
8. Beizmittel
9. Entlaubungsmittel
10. Fungizide
11. Graminizide
12. Herbizide
13. Insektizide
14. Lockstoffe
15. Molluskizide
16. Nematizide
17. Pheromone
18. Repellents
19. Rodentizide
20. Sterilanten
21. Virizide
22. Wachstumsregler
23. ....
24. ....
25. ....

Pflanzenkrankheiten: Symptome

1. Blüten-Veränderung
2. Stengel-Veränderung
3. Triebe hängen
4. ganze Pflanze hängt
5. Verletzung der Blätter
6. Belag auf Blättern
7. Wucherungen an Blättern
8. Mißwuchs an Blättern
9. Verfärbung an Blatt-Teilen
10. Verfärbung der Blätter
11. tierische Lebewesen
12. Pilze in der Erde
13. Pflanzen in der Erde
14. ....
15. ....
16. ....

Pflanzenkrankheiten: Ursachen

1. falsche Erde
2. Erde zu alt
3. Wurzeln krank
4. zuviel Wasser
5. zu wenig Wasser
6. unregelmäßige Wassergabe
7. zu tiefe Luftfeuchtigkeit
8. zu viel Sonne

9. zu wenig Sonne
10. zu warm
11. zu kalt
12. Durchzug
13. schlechter Standort
14. zuviel Dünger
15. zu wenig Dünger
16. Kaliummangel
17. Eisenmangel
18. Magnesiummangel
19. Phosphormangel
20. zu kleiner Topf
21. Kalkablagerungen
22. Salzablagerungen
23. konstante schlechte Einflüsse
24. Pflanze ist überzüchtet
25. Pflanze ist alt
26. Ungeziefer
27. Pilze
28. ....
29. ....
30. ....

Pflanzenkrankheiten: Schädlinge

1. Algen
2. Asseln
3. Blattfleckenpilz
4. Blasenfüße
5. Blattälchen
6. Blattläuse
7. Bodenpilze
8. Dickmaulrüßler
9. Enchytraeiden
10. Grauschimmel
11. Larven
12. Mehltau (echter)
13. Mehltau (falscher)
14. Minierfliegenlarven
15. Moose
16. Ohrwürmer
17. Regenwürmer
18. Rostpilz
19. Rußtaupilz
20. Schildläuse
21. Schimmelpilze
22. Schmetterlingsraupen
23. Schmierläuse
24. Schnecken
25. Spinnmilben
26. Springschwänze
27. Tausendfüßler
28. Trauermücken
29. Weiße Fliegen
30. Wurzelkropf (bakteriell)
31. Wurzelmilben
32. Wurzelnematoden
33. ....
34. ....
35. ....

Pflanzenkrankheiten: Aufbaustoffe

1. Düngetorf
2. Eierschalen
3. Holzasche
4. Holzkohle
5. Hornspäne
6. Kuhdung
7. Perlite
8. Rizinusschrot
9. Sand
10. Sphagnum
11. Ziegelschutt
12. ....
13. ....
14. ....

Polaritäten

1. Männlich (Yang)
2. Weiblich (Yin)
3. abwechselnd
4. sich aufhebend
5. leer
6. ....
7. ....
8. ....

Sinne

1. sehen
2. hören
3. schmecken
4. riechen
5. tasten
6. Intuition
7. Sensitivität
8. ....
9. ....
10. ....

Schadstoffe: Augen

1. Ozon
2. Schwefeldioxid
3. Rauch
4. Ruß
5. Kohlenwasserstoff-verbindungen
6. Staub
7. Stickstoffoxide
8. ....
9. ....
10. ....

Schadstoffe: Haut

1. Dieldrin
2. Detergentien
3. Enzymverbindungen
4. ....
5. ....
6. ....

Schadstoffe: Mund

1. Farbstoffe
2. Pestizide
3. Quecksilber

4. Geschmacksstoffe
5. Konservierungsstoffe
6. ....
7. ....
8. ....

Schadstoffe: Nase

1. Kohlenmonoxid
2. Stickoxide
3. eingeatmete Rauchteilchen
4. Schwefeldioxid
5. Bleiverbindungen
6. ....
7. ....
8. ....

Soziologische Gruppen

1. Lebensgemeinschaft
2. Freundschaft
3. Vereine
4. Parteien
5. Herkunftsfamilie
6. Nachbarschaft
7. Abteilung im Betrieb
8. Zwangsgemeinschaft
9. ....
10. ....
11. ....

Sternzeichen

1. Widder
2. Stier
3. Zwilling
4. Krebs
5. Löwe
6. Jungfrau
7. Waage
8. Skorpion
9. Schütze
10. Steinbock
11. Wassermann
12. Fische
13. ....
14. ....
15. ....

Sternzeichen (chinesisch)

1. Ratte
2. Ochse
3. Tiger
4. Hase
5. Drache
6. Schlange
7. Pferd
8. Schaf
9. Affe
10. Hahn
11. Hund
12. Schwein
13. ....
14. ....
15. ....

Störungsquellen

1. Armierungseisen
2. Computer-Bildschirme
3. Funk
4. Elektromotoren
5. geologische Verwerfungen
6. globale Gitternetzlinien
7. Hochspannungsleitungen
8. Lautsprecherstrahlen
9. Metalle
10. meteorologische Störungen
11. Mikrowellen
12. Mineralien
13. Natel
14. Perturbationen
15. Radar
16. Radio-TV-Strahlen
17. Trafostationen
18. Wasseradern
19. ....
20. ....
21. ....

Strafdelikte

1. Mord
2. Totschlag
3. Raub
4. Erpressung
5. Vergewaltigung
6. Diebstahl
7. Körperverletzung
8. Sachbeschädigung
9. Rauschgiftdelikte
10. ....
11. ....
12. ....

Streß

1. Lärm
2. Licht
3. Schmerzreize
4. Angst
5. Entzug von Nahrung
6. Entzug von Schlaf
7. Entzug von Wasser
8. Entzug von Bewegung
9. Zeitdruck
10. Ärgernisse
11. Nörgeleien
12. Störungen
13. Mehrfachbelastung
14. Ablenkung
15. Monotonie
16. Prüfungen
17. Versagen
18. Kritik
19. Isolation
20. Konflikte
21. Unkontrollierbarkeit
22. Ungewißheit
23. Umzug

24. Unfälle
25. Operationen
26. Kampfsituationen
27. Tod
28. Scheidung
29. Arbeitslosigkeit
30. Krankheit
31. ....
32. ....
33. ....
34. ....

Sucht: Mittel

1. Alkohol
2. Cannabis
3. Heroin
4. Opiate
5. Kokain
6. Amphetamin
7. Schnüffelstoffe
8. Nikotin
9. Pharmaka
10. Psycho-Pharmaka
11. ....
12. ....
13. ....

Sucht: Ursachen

1. familiäre Situation
2. Überdruß an der Gesellschaft
3. Einsamkeit
4. Isolation
5. seelische Unfreiheit
6. Steigerung des Lebensgenusses
7. Neugier
8. Abenteuerlust
9. Pubertätsbelastung
10. mangelndes Selbstwertgefühl
11. Angst vor der Zukunft
12. Leistungsprinzip
13. aktuelle Streßsituation
14. Protest
15. innere Spannungen
16. Konflikte
17. Einstellung zur Droge
18. Beruf
19. Wirtschaftslage
20. sozialer Status
21. Prämorbide Persönlichkeit
22. Erblichkeit
23. frühkindl. Milieu
24. sexuelle Entwicklung
25. ....
26. ....
27. ....

Suchtmittel: Wirkung

1. halluzinogen
2. beruhigend

3. betäubend
4. aufputschend
5. ....
6. ....
7. ....

Temperamente
1. cholerisch
2. phlegmatisch
3. sanguinisch
4. melancholisch
5. ....
6. ....
7. ....

Tonarten Dur
1. C-Dur
2. G-Dur
3. D-Dur
4. A-Dur
5. E-Dur
6. H-Dur
7. Fis-Dur
8. F-Dur
9. B-Dur
10. Es-Dur
11. As-Dur
12. Des-Dur
13. Ges-Dur
14. ....
15. ....
16. ....

Tonarten Moll
1. A-Moll
2. E-Moll
3. H-Moll
4. Fis-Moll
5. Cis-Moll
6. Gis-Moll
7. D-Moll
8. G-Moll
9. C-Moll
10. F-Moll
11. B-Moll
12. Es-Moll
13. ....
14. ....
15. ....

Transportmittel
1. zu Fuß
2. Fahrrad
3. Moped
4. Motorrad
5. Auto
6. öffentliche Verkehrsmittel
7. Reisebus
8. Lastwagen
9. Bahn
10. landwirtschaftl. Fahrzeuge
11. Schiff
12. Flugzeug

13. militärische Fahrzeuge
14. ....
15. ....
16. ....

Ungeziefer

1. Asseln
2. Bandwurm
3. Brotkäfer
4. Dornspeckkäfer
5. Filzlaus
6. Flöhe
7. Heimchen
8. Käsefliege
9. Kleiderlaus
10. Kleidermotten
11. Läuse
12. Maiskäfer
13. Malariamücke
14. Mehlkäfer
15. Milben
16. Motten
17. Ohrenkriecher
18. Schaben
19. Silberfischchen
20. Spulwurm
21. Stechfliege
22. Stubenfliege
23. Tsetsefliege
24. Wanzen
25. Zecken
26. ....
27. ....
28. ....

Wald: Hölzer

1. Abachi
2. Ahorn
3. Apfelbaum
4. Balsa
5. Banak
6. Birke
7. Birnbaum
8. Bleistiftzeder
9. Bongossi
10. Buche
11. Buchsbaum
12. Dark Red Meranti
13. Douglasie
14. Ebenholz
15. Edelkastanie
16. Eibe
17. Eiche
18. Erle
19. Esche
20. Eucalyptus
21. Fichte
22. Flieder
23. Greenheart
24. Grenadill
25. Hainbuche
26. Haselnuß
27. Hemlock
28. Hickory

29. Holunder
30. Kiefer
31. Kirschbaum
32. Kornelkirsche
33. Lärche
34. Limba
35. Linde
36. Mahagoni
37. Mangroven
38. Nußbaum
39. Okoume
40. Padouk
41. Palisander
42. Pappel
43. Parana Pine
44. Pflaumenbaum
45. Platane
46. Pockholz
47. Quebracho
48. Ramin
49. Robinie
50. Rosenholz
51. Roßkastanie
52. Rotbuche
53. Sandel
54. Sapelli
55. Sugi
56. Tanne
57. Teak
58. Ulme
59. Weide
60. Weißbuche
61. Weißdorn
62. Zirbelkiefer
63. Zeder
64. Zypresse
65. ....
66. ....
67. ....

Wald: Krankheiten

1. Nährstoffmangel
2. Versauerung
3. Bodenverdichtung
4. Forstschädlinge
5. Trockenheit
6. Winterfröste
7. Hagelschlag
8. Schneebelastung
9. Winterstürme
10. Schadstoffimmissionen
11. Viren
12. Bakterien
13. Pilze
14. Mykosen
15. ....
16. ....
17. ....

Wald: Schichtungen

1. Kronenschicht
2. Stammschicht
3. Strauchschicht
4. Krautschicht

5. Streuschicht
6. Bodenschicht
7. ....
8. ....
9. ....

Wasser: Härte

1. weich
2. mittel
3. hart
4. sehr hart
5. ....
6. ....
7. ....

Wasser: Verschmutzung

1. Flußwasser-durchlaufkühlung
2. Industrieabwässer
3. aufgeheiztes Kühlwasser
4. Kloake
5. Tanker
6. Atommüll
7. Düngemittel
8. ungeklärte Abwässer
9. Klärschlamm
10. Schiffsmotorenöl
11. Faulschlamm
12. Müllhalden
13. ....
14. ....
15. ....

Wasser: Vorkommen (Süßwasser)

1. Eis / Schnee
2. Grundwasser
3. Bodenfeuchte
4. Süßwasserseen
5. Moore, Sümpfe
6. Flüsse
7. Atmosphäre
8. ....
9. ....
10. ....

Weine: Bouquet

1. alt
2. blumig
3. edel
4. feurig
5. frisch
6. glatt
7. hart
8. herb
9. jung
10. kernig
11. kräftig
12. mager
13. matt
14. mild
15. rassig
16. reif

17. rund
18. schwer
19. spritzig
20. süffig
21. unreif
22. voll
23. weich
24. würzig
25. nur zum Kochen
26. zapfen
27. hinüber
28. ....
29. ....
30. ....

Weltanschauung

1. persönliches Weltverständnis
2. Daseinssinn
3. Selbsterfüllung
4. Sinnerfüllung
5. Wertvorstellungen
6. moralische Werte
7. das Ich
8. das Ego
9. die Gemeinschaft
10. Vergangenheit
11. Zukunft
12. Hoffnungen
13. Glauben
14. Liebe zur Tat
15. Erfolg
16. Umgang mit der Weltanschauung
17. ....
18. ....
19. ....

Weltreligionen

1. Islam
2. Christentum
3. Hinduismus
4. Buddhismus
5. Universismus
6. Judentum
7. Sikhismus
8. Baha'ismus
9. Jainismus
10. ....
11. ....
12. ....

Wetter: allgemein

1. tropisch feucht-heiß
2. heiß
3. schwül
4. drückend
5. warm
6. beständig
7. schön
8. aufhellend
9. bedeckt
10. veränderlich
11. bewölkt

12. stürmisch
13. Gewitter
14. windig
15. trüb
16. Regen
17. neblig
18. naß-kalt
19. Rauhreif
20. Schnee
21. Frost
22. kalt
23. eisig
24. ....
25. ....

Wetter: Windstärken

1. Stille
2. leiser Zug
3. leichte Brise
4. schwache Brise
5. mäßige Brise
6. frische Brise
7. starker Wind
8. steifer Wind
9. stürmischer Wind
10. Sturm
11. schwerer Sturm
12. orkanartiger Sturm
13. Orkan
14. ....
15. ....
16. ....

Wetter: Wolken

1. Cirrus
2. Cirrocumulus
3. Cirrostratus
4. Altocumulus
5. Altostratus
6. Nimbostratus
7. Stratocumulus
8. Status
9. Cumulus
10. Cumulonimbus
11. ....
12. ....

Wild

1. Rotwild
2. Rehwild
3. Damwild
4. Fuchs
5. Dachs
6. Schwarzwild
7. Hase
8. Kaninchen
9. Rebhuhn
10. Birkhahn
11. Haselhuhn
12. Auerhahn
13. Schnepfe
14. ....
15. ....
16. ....

6-er Diagramm

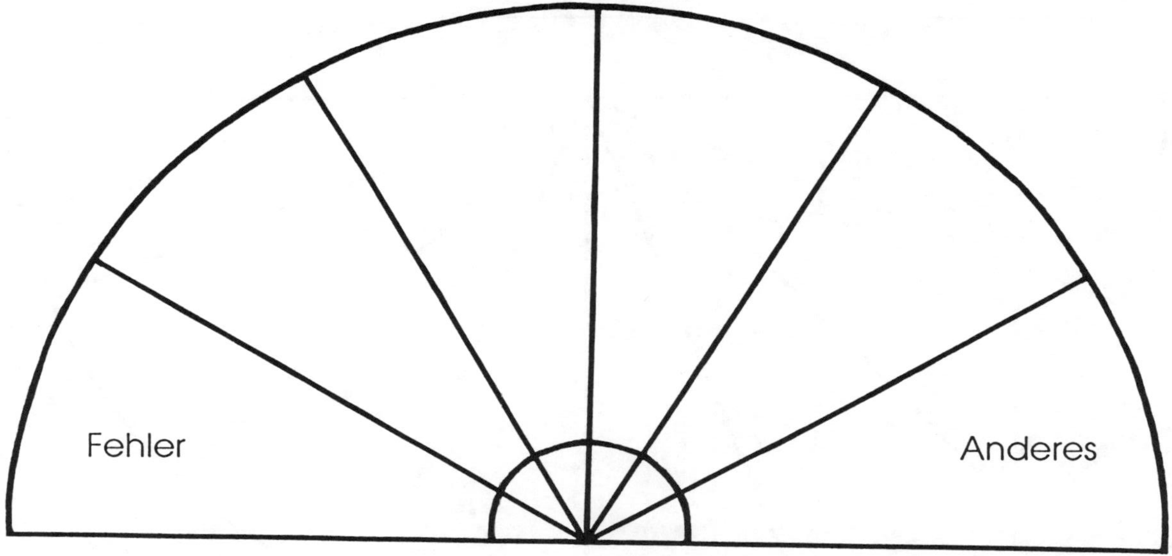

Diagramm-Name: ____________________ Datum: ______________

Literatur: ____

8-er Diagramm

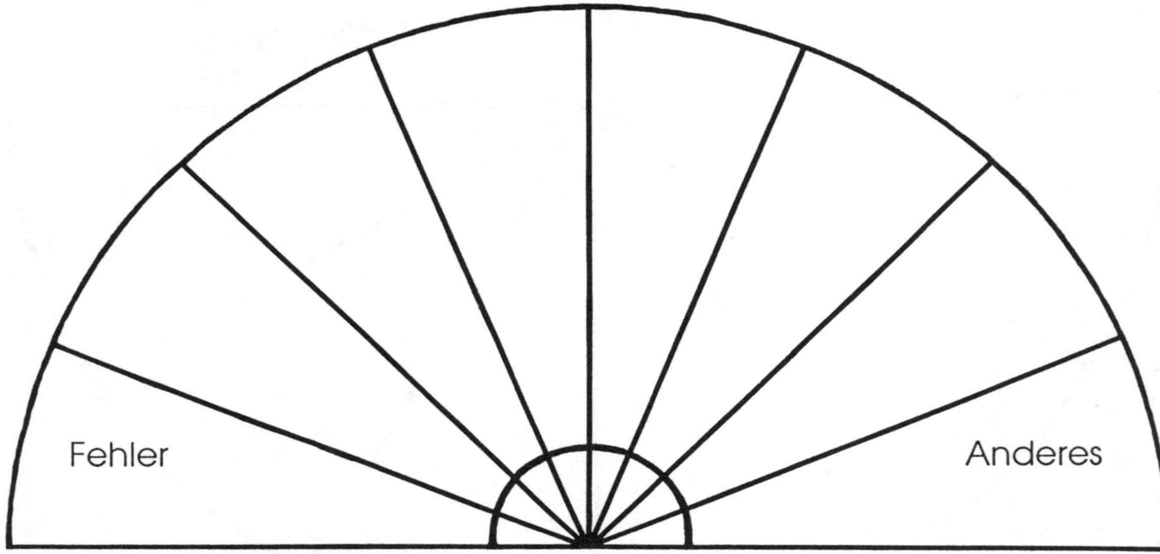

Diagramm-Name: ____________________ Datum: ______________

Literatur: ____

12-er Diagramm

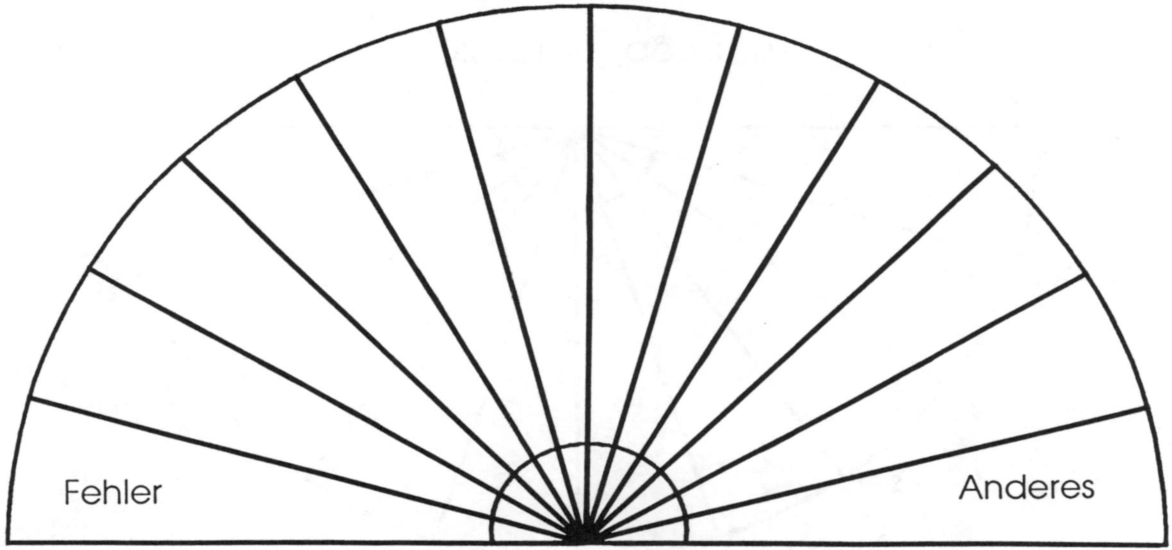

Diagramm-Name: ____________________ Datum: ______________

Literatur: ____

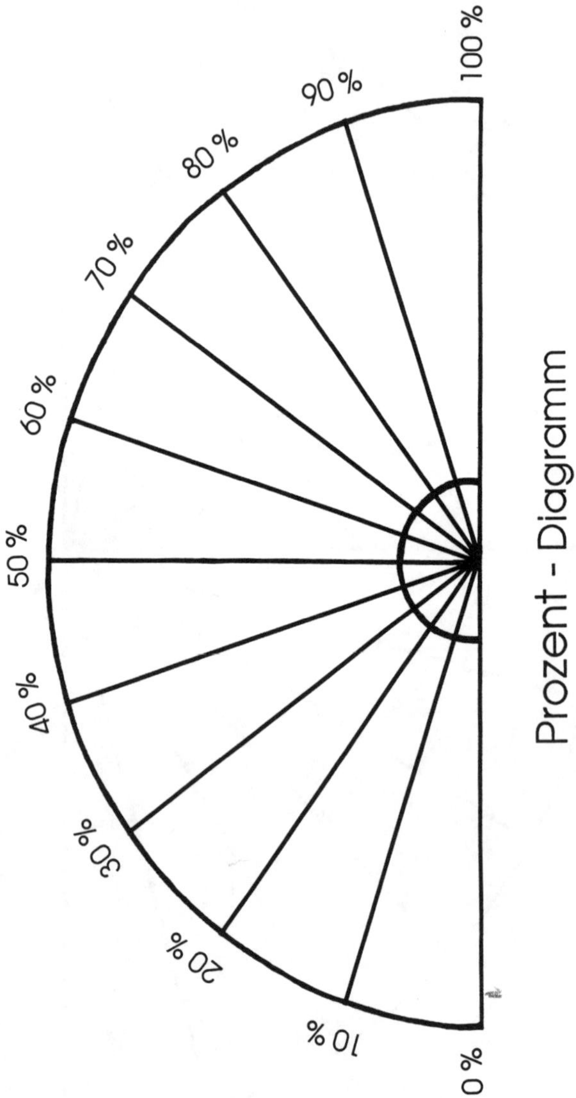
0 %
10 %
20 %
30 %
40 %
50 %
60 %
70 %
80 %
90 %
100 %
Prozent - Diagramm

20-er Diagramm

Diagramm-Name: ____________________ Datum: ______________

Literatur: ____

16-er Diagramm

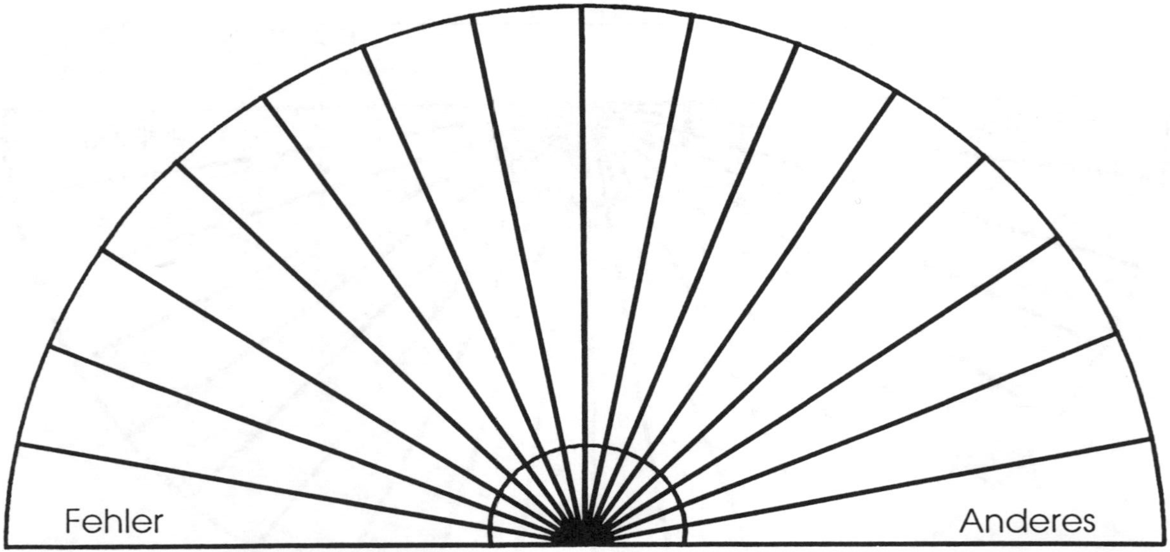

Diagramm-Name: ____________________ Datum: ______________

Literatur: ____

24-er Diagramm

Diagramm-Name: ____________________ Datum: ______________

Literatur: ____

Lexikon-Index

Schlußwort

Bei einem Lexikon ist es wie bei einem guten Wein. Je älter es wird, desto ausgereifter ist der Inhalt.

Vielleicht habe ich ausgerechnet das Gebiet nicht erwähnt, das Sie persönlich am meisten interessiert. Und wenn Sie es nennen, läuten bei mir vermutlich die Glocken. Damit es bei mir auch so richtig schön läuten kann, braucht es allerdings zuerst den Anstoß.

Ich bin Ihnen daher sehr dankbar, wenn Sie Ihre Wünsche, Anregungen und Ergänzungen dem Verlag zusenden, damit das Lexikon zu dem wird, was sein eigentliches Ziel ist: ein umfangreiches, sinnvolles und komplettes Nachschlagewerk, das auf die Bedürfnisse unzähliger Pendler abgestimmt ist.

Ich danke Ihnen für Ihre Mithilfe und Unterstützung.

Brigitte Astrid Gärtner-Hüsler

Adresse des Verlages:
Peter Erd Verlag
Abt. Pendel-Lexikon
Gaißacherstraße 18
D-81371 München

Danksagung

In diesem Buch habe ich viel Wissen zusammengetragen. Wissen aus den Bereichen Architektur, Medizin, Physik, Chemie, Mineralogie, Biologie und vielen mehr. All denen, die mir geholfen haben, möchte ich an dieser Stelle von ganzem Herzen danken. Es ist nicht selbstverständlich, daß sogar Menschen, die zum Pendeln keine oder nur eine sehr begrenzte Beziehung haben, mich tatkräftig unterstützt haben. Aber nicht nur für die Hilfe möchte ich mich bedanken, sondern vor allem für die Art und Weise, in der meine Anfragen beantwortet wurden. Wo immer ich auch hinkam, meine Bitte um Mithilfe wurde mit einer so absoluten Selbstverständlichkeit erfüllt, als ob auf dieser Welt jedem und allen geholfen würde und es nichts anderes gäbe. Diese Erfahrung hat mich um ein großes Stück reicher gemacht, und es hinterläßt ein Gefühl von tiefer Dankbarkeit. Nochmals ganz, ganz herzlichen Dank an Euch alle.

Das letzte Wort in diesem Buch möchte ich einem japanischen Sprichwort überlassen, das die oben genannten Erfahrungen so treffend widerspiegelt:

Kein Weg ist lang
mit einem Freund an der Seite

Pendel-Übersicht

Pendel sind in unzähligen Formen und Varianten erhältlich. Damit Sie sich ein besseres Bild machen können, finden Sie hier einige Abbildungen. Wenn Ihnen ein Modell besonders gut gefällt und wenn Sie es in einem der im Buch erwähnten Metalle möchten, wenden Sie sich bitte an Ihren Buchhändler. Er wird es, falls es nicht vorrätig ist, gerne für Sie bestellen.

Klassische Anfängermodelle

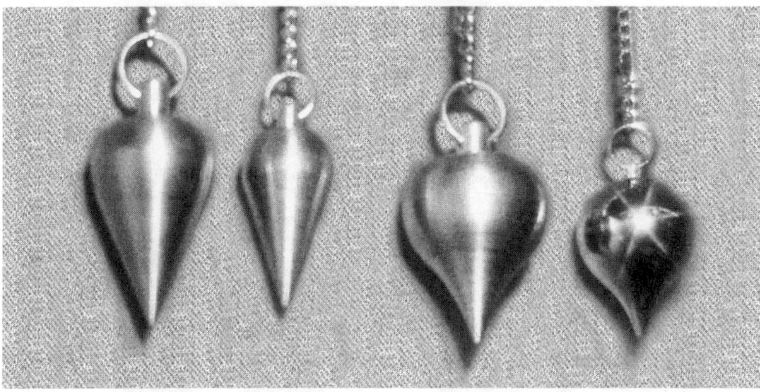

No 107 (24gr) No 110 (14gr) No 212 (30gr) No 213 (18gr)

Kleine, leichte Pendel

No 104 (4gr) No 200 (8gr) No 211 (4gr) No 214 (8gr)

Diverse mittlere Pendel

105 (25gr) 106 (25gr) 130 (13gr) 131 (21gr)

101 (15gr) 102 (15gr) 103 (15gr) 201 (17gr) 202 (18gr) 210 (17gr) 203 (23gr)

Grosse, schwere Pendel

108 (36gr) 109 (53gr) 111 (75gr)

Brigitte Müller

OM Affirmations-Karten

zur Selbst-Meisterschaft

NEU

OM ist der Urlaut aller Laute. Es ist das Wort in der Bibel. Es bedeutet »ICH BIN« und ist eine Anrufung, die auf die Universale Quelle allen Lebens einstimmt. Nach dem Naturgesetz des Universums muß sich das, was nach ICH BIN folgt, manifestieren.

Eine Affirmation ist die bewußte Wahl eines positiven Gedankens, den Du durch Wiederholung in Deinem Bewußtsein vertiefst, um bestimmte erwünschte Ergebnisse zu erzielen. Was Du denkst und fühlst, worauf Du Deine Aufmerksamkeit richtest, erhält Energie. Dadurch verwirklicht es sich und wird zur Realität.

Am besten nimmst Du Dir gleich morgens eine Karte und benutzt diese Affirmation tagsüber und als letzten Gedanken vor dem Einschlafen. Dadurch sinkt der positive Gedanke während des Schlafes in Dein Unterbewußtsein und manifestiert sich in Körper, Geist und Seele. Wiederhole die einzelnen Affirmationen mit tiefem Gefühl und mit Empfindung still in Dir und spreche sie auch laut, denn das gesprochene Wort ist sehr kraftvoll. Energie folgt dem Gedanken!

1 Kartenset = 48 OM Karten mit Anleitung

ISBN 3-8138-0312-0

Bücher aus dem Peter-Erd-Programm finden Sie überall im Buchhandel. Fordern Sie das kostenlose Gesamtverzeichnis an bei: Verlag Peter Erd · Gaißacher Straße 18 · 81339 München · Telefon (089) 725 30 04, Fax (089) 725 01 41